정의의 판단기준

정의의 판단기준

– 법철학적 상대주의와 정치적 상대주의의 문제에 대하여

초판 1쇄 발행일 2014년 2월 28일

지은이 _ 마르틴 크릴레
옮긴이 _ 홍성방
펴낸곳 _ 유로서적
펴낸이 _ 배정민

편집 / 디자인 _ 심재진

등록 _ 2002년 8월 24일 제 10-2439 호
주소 _ 서울시 금천구 가산동 327-32 대륭테크노타운 12차 416호
Tel _ 02-2029-6661, Fax 02-2029-6664
E-mail _ bookeuro@bookeuro.co.kr

ISBN 978-89-91324-64-0

Kriterien der Gerechtigkeit
© 1963 Duncker & Humblot, Berlin
Gedruckt 1963 bei Albert Sayffaerth, Berlin 61
Printed in Germany

홍성방 교수의 법학 번역 시리즈 7

정의의 판단기준

– 법철학적 상대주의와 정치적 상대주의의 문제에 대하여 –

마르틴 크릴레(Martin Kriele) 지음
홍성방 옮김

머리말 _

정의의 판단기준에 관한 연구 또는, 같은 내용이지만, 법관의 결정과 입법자의 결정이 과연 그리고 어느 정도까지 정의의 관점 하에서 토론될 수 있는가라는 질문에 관한 연구는 나에게 있어 독일법철학의 현재의 논의상황에서는 만기(滿期)가 된 것으로 생각되었다. 정의에 대한 모든 진술은 세계관, 이해관계 또는 그 밖의 주관적 조건들에 의존하고 그러한 한에서 상대적이다. 그러므로 합리성과 경험적 지식을 근거로 정의의 문제를 토론하는 것을 불가능한 것으로 간주하는 상대주의는 정확히 말해 세계대전 이후의 시대부터 배척되어 왔다. 그러나 법정책적 쟁점을 과학적인 방법에 의해 해결할 수 없다는 상대주의의 단호한 주장은 반박되지 않았다. 그러므로 사람들은 어느 정도 불쾌하게, 그러나 아무튼 명백히 점증적으로 빈번하게 말로는 아직도 여전히 논란의 대상인 상대주의가 결국 옳다고 할 수밖에 없다는 것을 시인하고 있다. 독일법철학이 오늘날 주로 다시 - 그러나 신중하고 완곡하게 그리고 조건부로 - 상대주의 편에 서있다는 것을 더 이상 부인할 수 없다. 법철학계를 제외하면 법률가들 사이에서도 오래전부터 다시 상대주의가 우세에 있다. 바로 법정책적 쟁점문제에서 법원들과 정치가들이 드물지 않게 "자연법"과 "객관적 질서"를 원용하는 것은 일반의 의심을 증폭시킬 뿐이다.

일련의 예들은 정의의 문제를 합리적으로 논의하는 것의 불가능성을 적절하게 입증하는 듯하다. 그러한 예들을 보다 신중하게 분석하면 정의의 문제를 토론할 수 있는 가능성이 입증되지 않을까라는 질문 또는 그러한 일이 성공하지 못하는 곳에서는 사람들이 특수한 경우들로부터 경솔하게 보편적인 결론을 내렸다는 것이 최소한 공개될지 여부의 문제는 광범위한 의미를 가진다. 왜냐하면 이데올로기 비판적인 상대주의의 관심사가 그렇게 정당할 수 있기 때문에, 그러한 상대주의의 위험과 유혹은 그것이 사상의 이데올로기적 요소들과 더불어 부지중에 그리고 자신의 의도와는 반대로 또한 이성을 함께 배척한다는 것이다.

이 연구는 뮌스터 Münster 대학 법학부 겸 국가학부에서 박사학위 청구논문으로 승인되었다. 나는 이 논문, 특히 이 논문의 핵심을 구성하는 제24절 - 제27절을 인쇄에 넘기기 전에 생각을 바꾸지 않는 선에서 손질하였다.

내가 정의의 문제에 몰두할 수 있는 동기를 준 데 대해서 매우 존경하는 은사 볼프 Hans J. Wolff에게 감사를 드린다. 사우어 Sauer 기념논문집에 게재되어 있는 그의 논문 '법의 원리로서의 정의에 관하여'(Über die Gerechtigkeit als principium juris)에서부터 나의 숙고는 시작되었고 그의 세미나와 강의에서 풍부한 가르침과 자극을 받았다. 그는 내 자신의 길을 갈 수 있도록 무한한 자유를 허용함으로써 이 연구에 대한 계획을 박사학위 청구논문 계획으로 수락하였다. 내가 그에게 감사하여야 하는 그의 커다란 영향은 이 연구의 제3부의 결과가 그의 법철학적 근본사상의 해석과 계속형성이라는 데서 실증된다. 나에게 허락한 모든 지원에 대하여 볼프 교수께 깊은 감사를 드리지 않으면 안 된다.

정의의 판단기준을 가능하면 이데올로기비판적 학문개념의 엄격한 척도에 대해서도 주장하려는 노력에서 이 연구에 대한 나는 단서들을 실증주의 법학과 상대주의의 원로인 켈젠 *Hans Kelsen*에게 제출하였다.

그는 매우 친절하게 내 생각에 동의하였다. 나는 내 생각을 그와 말과 글로써 논의하는 것을 허락받았다. 그의 충고와 이의는 내 연구에 도움이 되었다. 나는 켈젠 교수께 정중한 감사를 드린다.

나는 또한 프라이부르크 Freiburg, 뮌스터 그리고 본 Bonn의 법학의 은사들께도 감사를 표하지 않으면 안 된다. 풍부한 철학적 가르침을 베풀어준 데 대해서 리터 Joachim Ritter교수와 그의 '철학써클'(Collegium Philosophicum) 회원들에게 감사의 뜻을 표한다. 끝으로 내 처와 내 친구들의 조언과 도움 그리고 항시적인 대화에 대해서 고마움을 표한다.

1963년 4월
베스트팔렌 주 뮌스터에서

마르틴 크릴레

저자에 대하여_

이 책의 저자 크릴레 *Kriele*는 1931년 1월 19일 독일 라인란트 지방의 소도시 오플라덴 *Opladen*에서 출생하였다. 그는 아비투어 Abitur (김나지움 졸업시험)를 마친 후 프라이부르크 *Freiburg*, 뮌스터 *Münster* 그리고 본 *Bonn*대학에서 법학과 철학을 공부하였다. 그는 법학에서는 우리에게도 잘 알려진 행정법학자이며 법철학자인 볼프 *Hans Julius Wolff*의 영향[1]을, 철학에서는 헤겔 연구의 거장인 리터 *Joachim Ritter*의 영향을[2] 깊게 받았다.

그는 뮌스터대학에서 볼프의 조교로 있으면서 1960년대에 다시 법철학의 지배적 조류가 된 상대주의의 문제를 - 이 번역의 대상

---

1) 크릴레는 그의 박사학위논문의 제목을 Kriterien der Gerechtigkeit으로 정한 이유를 H. J. Wolff, über die Gerechtigkeit als Principium juris, in: Festschrift für Sauer, Berlin 1949, S. 103ff.에서 받은 매력 때문이라고 고백하고 있으며(Vorwort zu Kriterien der Gerechtigkeit. Zum Problem der rechtsphiolsophischen und politischen Relativismus, Berlin 1963), 교수자격 취득논문인 Theorie der Rechtsgewinnung, Berlin 1967, 2.Aufl. 1976, 서문에서는 자신에게 미친 볼프의 영향을 적고 있다. 1970년에는 Die Herausforderung des Verfassungsstaates. Hobbes und englische Juristen, Neuwied und Berlindmf 볼프에게 헌정하기도 했다. 그리고 1988년에 쓴 Wolff평전 (Hans J. Wolff, in : Juristen im Portrait, Festschrift zum 225jährigem Jubiläum des Verlages C.H. Beck, München 1988, S. 694ff.)은 짧기는 하지만 스승에 대한 감사와 존경과 애정으로 가득찬 것이다.

2) 크릴레는 여러 곳에서 리터에게 고마움을 표하고 있다. 예컨대 Vorwort zu Kriterien der Gerechtigkeit, (주5) ; Vorwort zu Theorie der Rechtsgewinnung, (wn5) ; Vorwort zu Recht und praktische Vernunft, Göttingen 1979 등.

인 - 박사학위논문에서 다루었다. 그는 그곳에서 구체적인 판결과 결정이 그때그때 "더욱 기본적인 이익"(fundamentaler Interessen)의 관점 하에서 일반적 원리(Maximen)와 그 결과의 형량을 지향해야 한다는 것을 논증하면서 법관의 판결과 입법자의 결정은 과연 그리고 어느 정도까지 정의의 관점에서 논의될 수 있는가 하는 문제를 논하였다[3]. 박사학위를 받은 후 크릴레는 독일학술재단(Deutsche Forschungsgemeinschaft)의 연구비를 받아 미국 예일 Yale대학의 Law School에서 연구를 하게 되고, 미국에서의 체제는 특히 두 편의 훌륭한 논문으로 남게 된다. 곧 Felix Frankfurter, in : Juristenzeitung, 1965, S. 241ff.와 Der Supreme Court im Verfassungssystem üder USA. Ein Kritischer Berichtüber neuere ameikamische Literatur, in : Der Staat, 1965, S. 195ff.가 그것이다[4].

미국에서 돌아온 크릴레는 1966년에 뮌스터대학에 Theorie der Rechtsgewinnung[5]을 교수자격취득논문으로 제출한다.

이 논문은 우선 독일 헌법학에서 아직도 지배적인 법학 방법론 일반, 특히 헌법 해석의 이론은 헌법 재판의 새로운 현실과는 대단히 상이한 입장을 취하고 있기 때문에, 헌법 실제에 대하여 건설적인 비판이 가해지는 대신 무익한 논쟁이 행해지고 있다는 확신에서 출발하고 있다. 그렇기 때문에 이 논문의 목적은 한편으로는 18세기부터 오

---

3) 이 논문에 대해서 특히 Der Staat지는 다음과 같이 평하고 있다. "Kriele는 상대주의적 입장에 대하여 이론을 제기하여, 즉 '가치 판단은 입증될 수 없다'는 C.A.Emge의 정식(定式)에 반대 입장을 제기하여 특히 정의 관념은 전혀 가치평가가 아닌 사실 판단에 기초하고 있다는 것을 증명함으로써 정의의 경험적 표지를 제시하고자 한다. … 총괄적으로, 이는 중요하고 환영할 만한 출발점이며, 제시된 방향에로의 심층적 연구는 바람직한 것이다."

4) E. Benda, Buchbesprechung, DöV 1992, S. 43f. (43)는 이 두 편의 논문을 크릴레가 후에 쓴 Recht und Politik in der Verfassungsrechtsprechung. Zum Problem des judicial self-restraint, in : NJW 1976, S. 777ff. 와 함께 미국 헌법에 대한 특히 뛰어난 논문이라고 평하고 있다.

5) 홍성방 (역), 법발견의 이론, 유로, 2013.

늘에 이르기까지의 헌법학의 지배적인 조류들 - 법 정책적, 평가적, "자연법적" 제요소를 법적 사고에서 배제하고 이를 입법자와 헌법제 정자에게 독점시키려는 - 이 왜 허망한 시도에 그칠 수밖에 없는가를 보이는 것과 다른 한편으로는 이러한 시도로부터 출발하는 다양한 회 의론에 반대하여 오늘날 독일의 법 실무에서 보통 행해지고 있는 방법이 현저하게 합리적이라는 것을 논증하고자 하는 것일 수밖에 없다. 그 결과 크릴레는 헌법에서의 법 발견을 기본법의 문리적, 논리적, 역사적 및 체계적 해석에 제한시키고 그렇게 함으로써 이론적 체계화를 시도하는 포르스트호프 *Forsthoff*에 대하여 반대의 입장을 취한다. 그 대신 크릴레의 관심은 헌법 해석 방법론을 둘러싸고 행해지는 원칙상의 토론에 집중된다. 즉 크릴레는 헌법에 있어서 법적 사고 과정이 과연 그리고 어느 정도까지 법학을 통한 합리적 통제에 포섭될수 있는가 하는 문제에 대하여 대답하고자 한다. 왜냐하면 그토록 많은 우여곡절 끝에 이루어 놓은 사법부의 통제를 받는 법치국가를 보호하고자 하는 경우 중요한 것은 헌법 재판을 이중의 위험 - (현실적 또는 가상적인) 정치적 남용에 의한 담합과 헌법 재판의 공전(公轉) - 으로부터 지키는 일이며, 이를 위해서 필요한 것이 방법론이기 때문이다. 즉 방법론은 헌법에 있어서 법 발견시 사고 과정을 올바르게 이론적으로 이해하게 해주고 개별적인 판결을 실천적으로 성과있게 비판하기 위한 여러 관점을 제공해 준다는 것이다[6].

크릴레는 1967년 헌법학자이며 법철학자인 히펠 *Ernst von Hippel*의 후임으로 쾰른 *Köln*대학 법학부에 정교수로 초빙되어 1996년까지『국가철학 및 법정책연구소』(Seminar für Staatsphilosophie und Rechtspolitik)의 소장으로 재직하였다. 그는 1968년부터 게르하르트 *Rudolf Gerhardt*

---

6) 이 논문에 대하여 Gemeinsames Arbeitsblatt des Landes Baden-Wurt-temberg는 다음과 같이 평하였다. "이 연구는 높은 학문적 수준을 가지고 헌법 해석의 문제를 둘러싼 새로운 토론을 계속하고 있으며, 그 배후에 놓여 있는 법발견의 철학적, 정치적 이론들까지를 다루었을 뿐만 아니라 헌법 이론과 법학의 범위를 넘어 정치학, 사회학 및 철학의 해당 분과까지를 압도하였다."

와 함께 독일 유일의 법정책 전문지 Zeitschrift für Rechtspolitik을 발행하고 있으며, 1977년 이후 노르트라인-베스트팔렌 *Nordrhein - Westfalen* 주 헌법재판소의 재판관직도 겸한 바 있다. 그는 그가 오랫동안 거주한바 있는 레버쿠젠 *Leverkusen*시의 시 문화회관에서 피아노 독주회를 가질 만큼 음악에도 조예가 깊다. 그는 1984년 한독수교 100주년 기념행사의 일환으로 한독법학회의 초청을 받아 한국을 방문한 일도 있으며, 여러 명의 한국 법학도들을 지도하기도 했다[7]. 은퇴 이후 크릴레는 오스트리아의 작은 도시 뫼거스 *Möggers*에 거주하면서 여전히 강연과 집필에 전념하고 있다.

크릴레는 앞에서 소개한 저서들 외에도 수많은 저술을 하였다. 그 중 중요한 것으로는 Herausforderung des Verfassungsstaates. Hobbes und englische Juristen (Neuwied und Berlin 1970), Einführung in die Staatslehre (Reinbek 1975, 4. Aufl. 1990)[8], Legitimitäsprobleme der Bundesrepublik (München 1977), Recht und praktische Vernunft (Göttingen 1979)[9], Die Menschenrechte Zwischen Ost und West (Köln 1977, 2. Aufl. 1979), Befreiung und politische Aufklärung. Plädoyer für die Würde des Menschen (Freiburg, 1980, 2. Aufl. 1986)[10], Nicaragua - das blutende Herz Amerikas, Ein Bericht (1985, 4. Aufl. 1986), Die demokratische Weltrevolution. Warum sich die Freiheit durchsetzen wird (München - Zürich 1987, 2. Aufl. 1988)[11], Grundprobleme der Rechtsphilosophie(Münster-Hamburg-London 2003) 등 이 있다. 크릴레의 자세한 저술목록은 이 책의 말미에 있는 목록

---

7) 역자 외에도 그의 지도를 받아 박사학위를 받은 한국 학생이 많다. 예컨대 1992 년과 1993년에 김수철, 전종환, 조홍석이 각각 Ombudsman, 헌법재판, 평등권을 주제로 박사학위를 취득한 것으로 알고 있다.

8) 국순옥 (역), 민주적 헌정 국가의 역사적 전개, 종로서적, 1983.

9) 홍성방 (역), 법과 실천 이성, 유로, 2013.

10) 홍성방 (역), 해방과 정치 계몽주의, 가톨릭 출판사, 1988.

11) 홍성방 (역), 민주주의 세계 혁명, 도서출판 새남, 1990.

을 참고하기 바란다.

　여느 때와 마찬가지로 이 번역서를 조금의 주저도 없이 출판해주기로 한 유로서적의 배정민 사장에게 감사의 뜻을 표한다.

2014.

옮긴이

차 · 례

왜냐하면 결정을 내리는 두 가지 방법 - 하나
는 토론을 통한 방법이고 다른 하나는 폭력을
통한 방법이다. - 이 있다. 전자는 인간다운
방법이고 후자는 동물적인 방법이기 때문에,
첫 번째 방법을 사용하는 것이 불가능한 경우
에 비로소 사람들은 두 번째 방법에 호소해도
된다.*

Cum sint duo genera decertandi, unum per
disceptationem, alterum per vim, cumque illud
proprium sit hominis, hoc beluarum, confugiendum
est ad posterius, si uti non licet superiore.

Cicero, De Officiis I,
11, 34.

이 연구는 다음과 같은 문제를 대상으로 한다. 어떤 규범이나 결
정이 정의를 충족시키는지 여부가 의문시되고 사람들이 견해의 차이
를 객관적인 토론을 통해 해소할 생각이 있다면 - 공통으로 독일어를
사용한다는 것 및 경험적 지식과 논리학의 규칙들을 적용할 능력과

---

* 역주: 이 문장 앞에는 In re publica maxime conservanda sunt iura belli(그리고 외
교정책에서는 특히 전시(국제)법이 유지되어야 한다)라는 문장이 있고, 이 문장과
의 전후관계에서만 인용된 문장을 이해하기 쉬울 것으로 생각된다.

준비자세를 제외하고는 그 어떤 것도 더 이상 토론자들을 결합시키지 않는 경우에도 도대체 합의가 가능한가? 또는 정의에 대한 모든 판단은 필연적으로 세계관, 이해관계 또는 주관적 가치의식에 의하여 규정되고 있어서 토론자들 사이에 세계관, 이해관계 또는 가치교감에서 추가로 공통점이 이미 성립되어 있지 않다면 객관적인 토론이 불가능한 것이 아닌가? 달리 표현하면, 사람들이 정의의 문제를 토론할 준비자세가 되어 있다면 그 경우 정확하게 어떤 문제들이 중요한가? ─ 원칙적으로 경험적으로 규명되어져야 하는 사실문제가 중요한가 아니면 경험적 지식으로는 원칙적으로 접근할 수 없는 평가문제가 중요한가? 요컨대 정의의 판단기준이 존재하는가? 어떻게 사람들은 그 판단기준을 발견할 수 있는가, 그 판단기준은 어떤 내용인가, 사람들은 그 판단기준으로써 어디까지 진보하는가?

이 문제에는 이론적 이해관계뿐만 아니라 또한 실천적·정치적 이해관계도 있다. 정의의 판단기준은 존재하지 않는다는 견해가 매우 일반화되어 있다. 이 견해에 따르면 법정책적 문제에서 객관적인 토론을 통하여 합의를 얻으려고 노력하는 시도는 가망 없고 그러므로 무의미하다. 이 견해는 폭력을 선호하는 경향을 조성하며, 위로는 권위적인 경향을 아래로는 혁명적인 경향을, 모든 경우에 민주주의에 적대적인 경향을 조장한다. 이와 반대로 정의의 판단기준이 존재한다면 인식의 진보가 가능하고 그것을 통해서 실정법이 정의에 접근하는 것이 가능하다. 그 경우에는 토론이 의미심장하게 되고 토론의 자유는 이러한 발전의 전제조건이 되며, 민주주의는 정의의 실현에 가장 유익한 국가형태라는 것이 입증된다. 정의의 판단기준에 대한 질문은 결국 자유국가의 정당화에 대한 질문이다.

정의의 토론가능성은 또한 다른 하나의 이유에서 독일법철학을 위하여 결정적인 문제가 되었다. 독일법철학 있어 실증주의뿐만 아니라 자연법도 의심스러운 것이 되었기 때문에,[1] 역사적으로 발전하는 법이성의 이념이 다시 강하게 부각되고 있다. 이러한 입장을 정당화하기 위해서는 역사적으로 어느 정도까지 권력과 비합리적 세력뿐만 아니라, 합리적 토론이 유효한가를 납득시켜야 한다. 합리적 토론의 유효성은 정의의 판단기준이 존재하는 경우에만 생각될 수 있기 때문에 유효성에 대한 질문 또한 역사철학으로 등장하는 법철학의 근본적 질문이 된다.

끝으로 이 문제는 제3의 관점에서도 관심의 대상이다. 법률을 적용함에 있어 상반되는 추론과정, 다양한 '관점들'(topoi),[2] 다양한 해석이론들 사이에서 선택할 수 있기 때문에, 법원들, 그 중에서도 고등법원들은 넓은 활동여지를 가지고 있고 결국 결과의 정의를 지향할 수 있다는 인식이 관철되었다. 이러한 현실에 직면하여 법학을 위하여 다음과 같은 질문이 제기된다. 법학이 법관의 "법적 양심" 앞에 체념하여야 하는가? 또는 과연 그리고 어떤 범위에서 밖으로 표현되지 않은 그러나 정확히 따져보면 결정적인 판결이유가 토론과 더불어 합리적인 통제에 열릴 수 있는가.[3]

연구의 방법은 주로 "정의로운"(gerecht), "정의롭지 않은"(ungerecht), "정당한"(recht), "부당한"(unrecht), "형평에 맞는"(billig), "형평에 맞지 않는"(unbillig)이란 어의(語義)를 분석하는 데 있다. 그와 동시에 철학적 정의들에 의하여 도입된 어의가 아닌, 일상적인 언어사용의 어의만을 고려할 것이다. 그 이유는 후자만이 모든 사람들에게 공유되어 있기

---

1) Naturrecht oder Rechtspositivismus?에 대한 머리말에서 마이호퍼 *Maihofer*가 상황의 특징을 묘사한 것을 보라.
2) 법발견에 있어 방법으로서의 '문제변증법'(Topik)에 대하여는 Viehweg, Topik und Jurisprudenz를 보라.
3) 나는 요아힘 리터 *Joachim Ritter* 60회 생일을 기념하기 위하여 헌정된, 곧 출간될 기념논문집에서 이러한 관점을 자세하게 다루었다.

때문이다. 사람들이 그것과 그것이 정의로운가, 정당한가, 형평에 맞는가라는 문제를 토론한다면 사람들은 무엇이 문제되는가라는 데 대해서만큼은 최소한 합의하는 것이다. 일반적인 언어사용을 분석하면 일반적 견해에 따라 무엇이 문제되는가가 명백하게 밝혀질 것이다.

결국 사실이 아니라 토론할 수 없는 평가방식이 문제된다는 견해 - 이른바 상대주의 - 가 그렇게 대단히 널리 만연된 선입견으로 굳어졌기 때문에 처음에 이 견해를 자세하게 다루는 것이 합목적적인 것으로 생각된다. 그와 동시에 명백한 오해를 제거하고 이 연구의 방법을 이해시키려고 노력할 것이다.

제 1 부

문제와 방법

제1장

상대주의 문제

제2절 연결

국가사회주의 지배 하에서 일어난 사건들에 직면하여 무엇이 정의이고 법인가라는 법철학의 근본적 질문은 새로운 현실성을 가지게 되었다. 독일 법철학에 대한 토론은 강한 활력을 받았고, 입법과 사법은 "제3제국"의 붕괴 후 자연법에 방향을 맞추려고 하였다. 사람들은 직선적으로 "자연법의 부활"[1])에 관하여 언급하였고, 롬멘 *Rommen*의 책 제목 "자연법의 영구회귀"[2])는 마치 강령처럼 전후의 토론을 지배하였다. 처음에 사람들은 문제들을 다음과 같이 매우 낙관적으로 다루었다. 즉 국가의 이름으로 행해진 것은 불법이었던 것이 너무도 명백하여 왜 그것이 불법이었고 그러므로 무엇이 법인가에 대한 설명은 지나치게 어려워서 풀 수 없는 문제가 아닌 것처럼 생각되었다. 그래서 사람들, 특히 가톨릭 쪽의 사람들은 오로지 자연법의 일반적 원칙

---

1) Arthur Kaufmann: Naturrecht und Geschichtlichkeit, S. 5.
2) Heinrich Rommen: Die ewige Wiederkehr des Naturrechts, 1936, 2. Aufl. 1947.

들을 주장함으로써든[3] 상세한 체계를 기초함으로써든[4] 존재형이상학에 기초하는 자연법이론을 재차 시도하였다. 많은 사람들이 그리스도교 신앙을 그들의 법철학의 본질을 규정하는, 그것으로써만 법과 정의가 이해될 수 있거나 또는 최소한 구속력이 있는 것으로 이해될 수 있는 기본요소로 삼았다[5] 또한 개신교신자들도 그들이 전통적으로 지니고 있는 회의적인 또는 소극적인 태도를 버리고 토론에 참여하기 시작하였다.[6] 일찍이 상대주의의 탁월한 주장자들에 속했던 법철학자들마저 이제 자연법을 지지하였다.[7] 다른 사람들은 셸러-하르

---

3) 다음과 같은 두 개의 원리를 자연법의 내용으로 인정하는 롬멘이 그러하다. 1. 정의로운 것은 정의롭지 않은 것을 중단하는 것을 하는 것이다. 2. 각자에게 그의 몫을(S. 225f.). 이러한 원리들에서 그는 10계명의 둘째 증언판의 규범들(부모에게 효도하라, 사람을 죽이지 말라, 도둑질을 하지 말라, 거짓증언을 하지 말라, 거짓말을 하지 말라, 남을 헐뜯지 말라)을 이론의 여지가 없게 추론하고자 한다(S. 226f.).

4) 이러한 종류 중 가장 포괄적인 것은 Johannes Messner: Das Naturrecht. 이곳에서 더 들어야 할 것으로는 Gallus M. Manser O. P.: Das Naturrecht in thomistischer Beleuchtung; M. E. Schmitt: Recht und Vernunft, ein Beitrag zur Diskussion des Naturrechts.

5) Güther Küchenhoff: Naturrecht und Christentum; Adolf Süsterhenn und Vinzenz Rüfner: Wir Christen und die Erneuerung des staatlichen Lebens; E. v. Hippel: Einführung in die Rechtstheorie; V. Tomberg: Degeneration und Regeneration der Rechtswissenschaft.

6) E. Brunner: Gerechtigkeit; E. Wolf: Rechtsgedanke und biblische Weisung; ders.: Das Problem der Naturrechtslehre.

7) Gustav Radbeuch: 5 Minuten Rechtsphilosophie; ders.,: Gesetzliches Unrecht und übergesetzliches Recht. 이에 대해서는 E. v. Hippel: Gustav Radbruch als rechtsphilosophischer Denker를 보라. 그에 대하여 Erik Wolf in: Umbruch oder Entwicklung in Gustav Radbruchs Rechtsphilosophie?는 그렇지만 라드브루흐 Radbruch가 완전히 결별하지는 않았다고 생각한다. 논증의 취지는 볼프 Wolf가 오해와 부당한 공격으로부터 라드브루흐의 상대주의를 옹호했다는 것이다. 그러나 볼프는 결국 라드브루흐가 처음에는 상대주의를 지지하다가 나중에는 자연법을 지지했고 이러한 입장들이 서로를 배제한다는 것을 부정하지 않는다.

트만(Scheler-Hartmann)의 커다란 영향을 받은 가치철학의 제 원리로 부터 자연법을 새롭게 정당화할 것을 시도하였고[8] 또 다른 사람들은 실존철학[9]과 그 밖의 철학적 사조[10]에 의거하였다. 판결, 특히 연방 대법원의 판결은 통례적으로 자연법, "초실정법", "도덕률"과 그와 같은 것을 원용하였다.[11]

그러나 자연법사상의 이러한 새로운 출발은 금방 그로부터 활기와 낙관주의를 탈취하기에 충분히 강력한 적수와 사투를 벌이지 않으면 안 되었다. 자연법이론의 여러 노선들 사이의 견해 차이가 위축적인 작용을 한 것이 아니다. - 그러한 견해의 차이 때문에 반대로 종종 자연법이론의 철학적 그리고 신학적 정당화와 관련하여 풍부한 토론이 행해졌다. 위축적인 작용을 한 것은 오히려 자연법이론과 정의이론 일반의 가능성에 대한 원칙적인, 도처에서 다시 시작되어 만연되고 자신에게 제기된 모든 반대논거에 대하여 응수할 줄 알았던 회의였다. 상대주의의 최초의 그리고 직접적인 방어[12]를 사람들은 가볍게 무시할 수 있었다. 그것은 역사적 경험에 의하여 너무나도 공공연하게 반박되는 것으로 생각되었다. 그러나 이제 회의는 더 세심하게, 덜 직접적으로 나타났고 사람들은 순수한 본질적 특성에 관해서 전혀 더 이상 질문할 수 없었다.[13] 이제 회의는 양심에 대하여 호소하고 타당

---

8) 탁월한 것으로는 H. Coing: Die obersten Grundsätze des Rechts; ders.: Um die Erneuerung des Naturrechts.

9) Fechner: Rechtsphilosophie; A. Frh. v. d. Heydte: Existentialphilosophie und Naturrecht.

10) Th. Würtenberger: Wege zum Naturrecht in Deutschland 1946-48에 있는 개관을 보라.

11) Peter Schneider: Naturrechtliche Strömungen in deutscher Rechtsprechung에 있는 개관을 보라.

12) Beyer: Warnung vor der ewigen Wiederkehr des Naturrechts.

13) 사람들은 코잉 *Coing*의 법철학에 대한 슈프랑거 *Eduard Spranger*의 비판 in:

한 것을 항구적이고 책임성 있게 추구할 것을 호소하는 데에 이르렀다.[14]

상대주의의 공격자들 자신도 상대주의자들과 본질적으로 다른 것을 이야기하지 않았다. 그들은 상대주의의 핵심을 찌를 수 없었다. 또한 그들도 양심과 법감정을 참조하라고 지시하거나[15] 다른 법적 견해들에 대하여 도그마에 사로잡히지 않은 개방성을 요구하는 것으로 만족하였다.[16] 1956년에 사람들은 - 앞에서 든 롬멘의 저작을 풍자하는 - "실증주의의 영구회귀"에 대하여 읽을 수 있었다.[17]

그런데 이러한 판에 박힌 문구는 상황의 특징을 언급하기 위해서는 아마도 지나치게 조야하다. 오히려 사람들은 "자연법과 상대주의를 통하여 법의 새로운 정당화의 길"(마이호퍼[18])을, "자연법과 실증주의 사이에서" 길을[19] 찾고 있고, 역사적으로 상대적인 자연법을 찾고 있다. 사람들은 심지어 동시에 자연법론자이면서 상대주의자일 수 있는 가능성을 인정하려고 하였다.[20] 그러나 요컨대 사람들은 - 새롭고 훌륭한 논거들을 둘러싼 학문적 토론이 의미심장할 정도로 풍부해졌음에도 불구하고 - 상대주의에, 상대주의가 1920년대에 지배적이었듯이, 최소한 다시 친숙해지고 있다. 물론 "상대주의"란 단어는 아직

Universitas 1948, S. 405ff.를 생각하면 될 것이다.

14) 연방대법원의 판결에서 윤리적 원리들을 적용하는 데 대한 바이셰델 *W. Weischedel* 의 비판적 평가인 Recht und Ethik.

15) G. Staatmüller: Das Naturrecht im Lichte der geschichtlichen Erfahrung; Universitas 1948, S. 405ff.에 게재되어 있는 슈프랑거의 비판에 대한 코잉의 방어.

16) H. Ryffel in: ARSP 1956, S. 305ff.와 507ff.

17) P. Schneider in: ARSP 1956, S. 98.

18) Naturrecht oder Rechtspositivismus에 대한 서문, S. XI.

19) 리터 *Klaus Ritter*의 책 제목.

20) E. Wolf, a. a. O.와 A. Baratta in ARSP 1959, S. 505ff.는 이러한 의미에서 라드브루흐의 생각을 해석하고 있다.

도 평가 절하되어 있고, 사람들은 그 단어를 기피하며, 사람들은 때때로 저 상대주의의 특징인 특히 그 도전적인 어조를 기피한다. 그러나 사람들은 정의의 문제에서는 매우 다양한 견해들을 가질 수 있고 또한 매우 다양한 견해들을 가지고 있다는 것을 시인한다. – 그리고 바로 그것이 상대주의의 본질적 내용이다. 예나 지금이나 사람들은 끈기 있게 타개책을, 일반적이고 구속력 있는 것을 탐색하고 있으나, 이러한 탐색작업은 거의 체념적이다.

그것은 놀라운 일이 아니다. 요컨대 사람들이 자연법이론을 탄탄한 철학적 기초, 예컨대 존재철학 위에서 정당화하는 경우 사람들은 즉시 이 기초의 정당성이 모든 사람들로부터 인정되고 있는 것은 아니라는 것을 인식하지 않으면 안 된다. 사람들이 표현하듯이 자연법은 결국 전제된 철학 위에 상대적인 것으로 남아 있다. 이 철학의 올바름과 인식가능성을 장담하는 것은 아무 소용도 없다. 우리나라 시민들의 생각을 지배하는 다원주의적 다양성은 가교될 수 없다. 사람들이 그렇게 할 힘이 있다면 사회에 대하여 특정의 자연법적 이념들을 가지도록 영향력을 행사할 수 있으나, 그러한 이념들이 내적 구속력을 가진다는 것을 일반적으로 승인하도록 강제할 수는 없다.

사람들이 "자연법정당"을 결성하고 자연법을 쟁취하기 위한 투쟁을 그 정당의 정치투쟁과 동일시한다면[21] 그것은 시종일관된 것이다. 그러나 다른 정당들에게도 – 비록 그 정당들이 "자연법"이란 단어를 기피한다 하더라도 – 본성상 마찬가지로 법과 정의가 중요하다. 그러므로 사람들은 재차 정의에 관한 견해들의 다원주의 속에 있게 된다. 그리고 자연법이론들은 이러한 다원주의를 가교할 방법을 찾지 못하였다. 상대주의는 이러한 다원주의를 가교할 방법은 존재하지 않는다

---

21) A. Süsterhenn, Das Naturrecht, in: Naturrecht oder Rechtspositivismus, hrsg. von Maihofer, S. 11ff., 특히 S. 24f.

고 주장하였다. 새로운 자연법이론은 상대주의를 극복하는 데 참여하였다. 그러나 상대주의를 극복한다는 것은 다원주의를 가교하는 것을 의미한다. 자연법이론들은 다원주의를 확인함으로써 우연히 상대주의를 증명한다. "자연법정당"이라는 신조어가 이미 상대주의를 포괄한다. 사람들은 "원래" 이 정당의 자연법은 이성을 수단으로 하여 모든 인간에게 인식될 수 있다고 설명함으로써 자구책을 강구하고자 하나,[22] 실제로는 그리스도교만이 이해하는 데 필요한 '인식의 빛'(Erkenntnislicht)[23]이나 그에 상응하는 것을 소유하고 있다고 한다. 즉 사람들은 어떤 계급에 속하거나 그 밖의 질적 전제들을 가지고 와야 한다고 한다. 그때그때 자신의 "정당"이 옳고 다른 정당들은 오류를 범하고 있다는 모든 그러한 그리고 유사한 확인들로써는 다원주의로부터 탈출하지 못하고 단지 전선(戰線)을 굳힐 뿐이다. 사람들이 그렇게 상대주의를 극복해야 한다고 생각한다면 그것은 오해이다.

이렇게 해서 자연법의 회귀에 대한 최초의 격정은 차차 사라져 없어졌고 커다란 불안과 회의가 만연된 것이 설명될 수 있다. 급박한 질문은 다음과 같은 것이다. 상대주의는 최종적으로 정당성을 얻었는가 아니면 정의의 문제들에 관한 합의는 어떤 전제하에서, 어떤 방법으로 그리고 어떤 범위에서 철학적 그리고 세계관적 공통성으로부터 독립하여 가능한가?

---

22) A. Süsterhenn, a. a. O., S. 24.
23) A. Süsterhenn, a. a. O., S. 25는 이러한 의미에서 마우스바하 *J. Mausbach*에 동의하면서 인용한다.

그러므로 토론은 일차적으로 상대주의와 관계되며, 그렇기 때문에 상대주의는 더 자세한 관찰을 필요로 한다.

용어에 대하여 미리 언급해두기로 하자. 사람들이 "상대주의"와 "실증주의"를 엄격하게 구별한다면 토론이 쉬워질 것이다. 상대주의는 법철학의 이론이고, 실증주의는 법이론의 이론이다. 실증주의는 실증적으로 정립된 법은 그것이 정의롭든 정의롭지 않든 구속력을 가진다고 가르친다("법률은 법률이다"). 실증주의는 정의로운 법의 문제를 미해결인 채로 남겨놓고, 보통 - 라드브루흐와 켈젠 *Kelsen*에게서와 같이 - 상대주의와 제휴하나, 반드시 그래야만 하는 것은 아니다. 이미 브레히트 *Arnold Brecht*가 주의를 환기시킨 바와 같이,[24] 명시적이든 다만 결론에서이든 동시에 실증주의자인 자연법이론의 추종자들이 존재한다. 그들은 법적 안정성의 가치를 상위에 놓기 때문에 실정법률과 그들이 승인하는 자연법률 사이에 충돌이 발생하는 경우에는 항상 실정법률에 우위를 부여한다. 이러한 의미에서 예컨대 브룬너 *Emil Brunner*의 개신교 정의이론은 실증주의와 제휴한다. 왜냐하면 그 이론은 오직 비판적·규범적 이념으로서만 입법자를 대상으로 하기 때문이다. 즉 "어떻든 국가의 현행 법문들은 법적 구속력을 독점하여야 한다. 자연법은 그 자체 법적 구속력을 주장해서는 안 되며, 한 국가의 법적 안정성을 동요하게 해서는 안 된다."[25] 그러므로 자연법과 실증주의를 대립시키는 켈젠의 "자연법이론과 법실증주의의 철학적 기초",

---

24) The Rise of Realtivism, S. 49ff., Politische Theorie, S. 221ff.
25) Gerechtigkeit, S. 308.

리터 *Klaus Ritter*의 "자연법과 법실증주의 사이에서" 또는 최근에 마이호퍼 *Maihofer*에 의하여 편집된 대형 저작집 "자연법이냐 법실증주의냐?"와 같은 책제목들은 오해받기 쉬운 것이다. 이 책들의 주제는 엄밀하게는 자연법과 상대주의이다.[26] 그동안에 일반화된 언어사용은 상대주의자들이 아마도 항상 동시에 실증주의자이라는 것을 가지고만 정당화된다. 왜냐하면 상대주의는 다른 법이론을 거의 허용하지 않기 때문이다. 다만 사람들은 실증주의자가 결코 항상 상대주의자일 필요는 없다는 것을 주의하여야 할 것이다.

엠게 *C. A. Emge* (Das Grunddogma des Relativismus)는 상대주의를 "가치판단은 증명될 수 없다"라는 명제로 요약하였다. 이 해석은, 모든 상대주의자가 반드시 정의에 관한 모든 판단에서 가치판단은 전제되어 있다는 견해를 가져야 하는 것은 아니기 때문에, 어딘가 너무

---

26) 자신에게 불리하게 한스 켈젠은 항상 되풀이해서 실증주의와 상대주의의 필연적인 공속(共屬)을 주장하는(예컨대 Die philosophischen Grundlagen der Naturrechtslehre und des Rechtspositivismus, S. 14; Was ist Gerechtigkei, S. 45) 오류를 범하였다. 그렇게 함으로써 그는 자신의 순수법학에 대하여 절대로 부적절한 선입견을 일깨웠고 순수법학의 전파를 방해하였다. 이와 반대로 그에게는 그럼에도 불구하고 실정법의 본질을 연구하는 것이 문제된다. "학문의 실제 과정을 분석함으로써 이전부터 행해져 온 방법의 논리적 전제들만이 제시된다."(Die philosophischen Grundlagen, S. 26) 이러한 순수법학이 법정립자를 대상으로 하는 비판적·규범적 자연법이론과 제휴하는 것이 왜 배제되어야 하는지를 이해할 수는 없다. 그가 다음과 같이 말하는 경우 켈젠은 이러한 가능성을 또한 시인한다. 법질서의 법적 근거에 대한 질문이 그렇게 배리(背理)여야 한다면, 법질서의 윤리적 근거에 대한 질문은 그렇게 정당하다.(Hauptprobleme der Staatsrechtslehre, S. 352) 그러므로 결국 켈젠은 "자연법질서"라는 단어의 사용에 대해서만 공격한다. 켈젠이 그 밖에도 '사물'(die Sache)에 대해서도 자연법이론은 학문적으로 가능하지 않다는 이의를 제기하는 경우 그것은 우연이다. Josef Kunz: Was ist die Reine Rechtslehre?에 따르면 특히 아메리카 중부와 남부에는 법이론에서는 탁월한 켈젠의 제자이면서 법철학에서는 셸러 *Max Scheler*의 실질적 가치이론을 대표하는 학자들이 있다고 한다. 이러한 동시성은 철저하게 가능하다.

좁다. 또한 다른 종류의 판단, 예컨대 존재형이상학적 판단도 전제되어 있을 수 있다. 물론 아마도 대부분의 상대주의자들이 존재형이상학적 판단은 위장된 가치판단(예컨대 벨첼 *Welzel*[27])이 강조하는 사상)이라고 생각하나, 어떤 상대주의자는 이 문제에서 철저하게 또한 다른 견해를 가질 수 있다. 상대주의자에게는 그때그때 전제된 판단은 경험적으로 증명할 수 있는 것에 속하지 않는다는 것만이 문제된다.

상대주의의 내용은 아마도 매우 함축적으로 다음과 같은 두 개의 명제에 요약될 수 있다.

첫째, 타당한 정의이론은 개별적인 경우에 무엇이 정의롭고 정의롭지 않은가를 결정하는 것을 허용하는 판단기준들을 명시하여야 한다.

둘째, 정의의 판단기준은 존재하지 않는다.

이러한 것이 모든 자연법비판의, 그것이 스스로를 역사적 비판으로 이해하든 심리주의적 비판으로 이해하든 또는 그 밖의 것으로 이해하든, 핵심이다.

그와 동시에 "판단기준"이란 다음과 같은 내용을,

즉 p가 그 경우이면 x는 정의를 충족하고,

모든 주관적 생각으로부터 독립하여 모든 사람에 의하여 인정되어야 하는 내용을 가진 명제로 이해된다.

그와 동시에 p는 하나의 사실 또는 사실들의 복합체를, x는 하나의 규범, 규범들의 복합체, 인간의 행동, 판단, 또는 p를 변형하거나 또는 그것에 반응하는 하나의 대상을 가리킨다.

그러므로 개별적인 경우에 여전히 규명되어야 할 것으로 남는 것은 다음과 같은 문제뿐이다.

---

27) Naturrecht und materiale Gerechtigkeit, S. 241.

즉 p가 그 경우인가?

긍정적인 대답이 주어지는 경우 어떤 반응이 정의로운가하는 것은 명백하고 오해의 여지가 없게 확실하다. p가 그 경우인가라는 질문은 경험적 연구를 수단으로 규명될 수 있는 순 사실적인 질문이며, 어떻든 "근본적으로" 개별적인 경우에 극복할 수 없는 실제적인 저항이 연구의 결과에 반대하는가 여부는 문제되지 않는다.

그러므로 상대주의자는 다음과 같은 근본규범으로부터 출발한다.

법질서는 정의를 충족하여야 한다.

상대주의자의 명제는 이러한 근본규범으로부터 간접적으로 개별적인 경우에 결정이 도출될 수 있고 그리고 그것도 사실적인 소여를 포섭하는 방법으로 결정이 도출될 수 있다는 것이다. 그리고 이는 예컨대 형사부 판사가 사태의 진상을 파악하고 법률상의 구성요건에 포섭함으로써 결정을 내리는 것과 유사하다.

이러한 목적을 달성하기 위하여 상대주의자는 그 아래서 x가 정의를 충족하는 실제의 조건들이 정확하게 알려질 수 있게 근본규범이 엄밀하게 규정될 것을 요구한다. - 말하자면 "구성요건표지". 이러한 조건들을 알리는 명제들이 "판단기준"이다. 상대주의자가 요구하나 발견하지 못하는 그러한 판단기준들이 존재할 수도 있다면, 전적으로 정서(整序)된 법질서를 창설하는 것이 - 항상 경험적 연구의 실제적 방해의 유보하에 - 만일의 경우에는 가능할 수 있어야 할 것이다. 즉 법창조자는 오로지 사회적, 경제적, 심리학적 등의 모든 문제되는 소여들만을 적확하게 연구하고 그리고 그 후에는 그것들을 근본규범에 포섭하여야 할 것이다. 그러나 적어도 법질서의 부분들을 전적으로 정의롭게 형성하고 개별적인 경우들을 정의롭게 결정하는 것이 가능하게 되어야 할 것이다.

이제 상대주의자는 이제까지 주장된 정의의 이론들 중 그 어느 것도 오직 경험적 지식을 수단으로 해서만은 개별적 경우를 정의롭게 결정하는 것을 가능하게 하지 않을 수도 있고, 오히려 모든 공식은 형이상학적, 종교적, 세계관적 또는 감정적인 전제들을 참조하라고 지시하는, 경험적으로 실증될 수 없을 수도 있고 모든 사람이 인정하지 않을지도 모르는 전제들을 참조하라고 지시하는 요소들을 포함할지도 모른다는 것을 증명한다. 예컨대 어떤 자연법론이 "존재에 상응하는" 행동은 정의로운 것이라고 말한다면, 개별적인 경우에 이러한 또는 저러한 행동이 존재에 상응하는 것인가 여부의 문제는 경험적으로 결정될 수 없다. 어디에 각자가 그에 대한 권리를 갖고 있는 각자의 "그의 것"(das Seine), 그에게 "속해야 하는 것"(Gebührende), 그에게 "귀속되어야 하는 것"(Zukommende), "유리한 것"(Zuträgliche)이 있는가 또는 충돌하는 이해관계들 가운데서 어떤 이해관계가 객관적으로 더 가치 있는가 등의 문제들에서도 사정은 마찬가지이다.

다양한 인간들이 다양한 대답을 할 것이고 객관적 토론을 통해서도 합의가 이루어질 수 없을지 모른다는 것은 이러한 문제들에 대한 대답이 경험적 지식을 수단으로 발견될 수 없다는 데서 설명될 것이다. 이제 누구도 다른 사람들을 (예외를 도외시한다면) 납득시킬 수 없을 수도 있기 때문에, 다양한 견해들이 모두 상대적일 수도 있는 한, 다양한 견해들은 등가(等價)로 대립되게 될 수도 있을 것이다. 사람들이 어떤 견해 또는 다른 견해에 경도(傾倒)하는가 여부는 주관적 가치관, 역사적 상황, 세계관, 이해상황, 선입견, 성격, 계급이나 인종 또는 환경에의 소속을 통하여 또는 호의 또는 반감과 모든 종류의 감정적인 관점들을 통하여 제약될 수도 있을 것이다. 각자가 자신의 견해를 절대적 진리라고 간주할 수도 있다는 것은 자기기만과 결여된

성찰에 근거할 수도 있을 것이다. 결국 정의에 관한 견해들은 "신조상으로만 가능할 뿐 인식상으로는 가능할 수 없고,"[28] 그러므로 정의에 관한 언명이 단지 상대적인 의미만을 갖는 한, 각자는 "자신에게 정의는 무엇인가"[29]만을 이야기할 수도 있을 것이다.

또한 아메리카에서도 상대주의의, 그 발생사와 그 전파에 미친 다양한 영향들에 관해서는 브레히트 *Arnold Brecht*의 「정치이론」(Politische Theorie)에 있는 근본적인 설명을 참조하면 될 것이다.

제4절　좁은 의미의 상대주의-허무주의-회의론

정의의 판단기준이 존재하지 않는다는 상대주의의 테제는 세 가지 해석을 허용한다.

첫 번째 견해에 따르면 (절대) 진리에 대해서는 어떤 판단기준도 존재하지 않는다는 명제들은 그래도 상대적으로는, 즉 평가하는 주체의 세계관이나 문화권 또는 역사적 상황에 따라서는 참일 수 있다. 이를 정의에 관한 명제들에 적용하면, 사람들은 이 학설을 "본래의 법철학적 상대주의"로 부를 수 있다(좁은 의미의 상대주의).

두 번째 견해에 따르면 진리에 대해서는 어떤 판단기준도 존재하지 않는다는 명제들은 무의미하다. 즉 그 명제들은 참일 수도 거짓일 수도 없다. 그리고 이미 그 명제들의 진리성에 대한 질문이 무의미할

---

28) Gustav Radbruch: Rechtsphilosophie, S. 100의 표현.
29) H. Kelsen: Was ist Gerechtigkeit? S. 43은 이러한 결론에 도달한다.

수도 있다. 사람들은 이에 속하는 학설을 "법철학적 허무주의"로 부를 수 있다.

세 번째 견해에 따르면 진리에 대해서는 어떤 판단기준도 존재하지 않는다 하더라도 그 명제들은 그래도 의미가 있을 수 있으나, 단지 사람들은 그 명제들이 참인지 여부를 결코 확신할 수 없다. 이 견해는 법철학적 "회의론"과 연계된다.

그러므로 법철학적 허무주의에 대한 차이는 비록 그러한 것이 자신의 개인적 견해이고 그밖에 다른 개인적인 견해들이 똑같이 정당하게 존재할 수 있다는 조건부로 회의론자가 정의의 이론을 입안하고 정당화할 수 있음에 반하여, 허무주의자는 과학적 또는 철학적 영역에서 정의에 대하여 언급하는 것 일반을 부정한다는 점이다. 허무주의자는 다음과 같이 이야기한다. 정의에 관한 명제들은 참이지도 거짓이지도 않다 - 그 명제들은 사람들이 그 진리성을 질문할 수 있는 명제들의 영역 밖에 있고 무의미하다.[30]

회의론자는 다음과 같이 이야기한다. 정의에 관한 명제들은 "참이거나 거짓이다." 다만 그 명제들이 참인지 여부나 거짓인지 여부를 분명히 말할 수 없을 뿐이다.

---

30) 이 철저한 허무주의의 원산지는 빈 *Wien*학파의 논리실증주의이다. 예컨대 Rudolf Carnap: Überwindung der Metaphysik durch logische Analyse der Sprache, S. 237f. 참조: "따라서 논리분석은 경험 위나 뒤를 붙들려고 하는 모든 명목상의 인식에 대하여 무의미하다는 판단을 내린다. … 사람들은 '좋다'와 '아름답다' 그리고 그 밖의 규범학문에 사용된 빈사들에 대하여 (그러므로 '정의롭다'에 대해서도) 경험적 식별기준을 말하거나 그렇게 하지 않거나 중 어느 하나를 한다. 그러한 빈사를 포함하고 있는 명제는 전자의 경우에는 경험적 사실판단이지 가치판단이 아니다. 그리고 후자의 경우에는 명제는 가상(假象)명제로 된다. 그리고 사람들은 가치판단을 진술하는 명제를 일반적으로 정립할 수 없다. …" 또한 Carnap: Scheinprobleme in der Philosophie, S. 44f.도 보라; 더 나아가서 Schlick: Positivismus und Realismus, 특히 S. 7f.

좁은 의미의 상대주의는 이곳에서 더 이상 관심사일 수 없다. 그에 대한 전형적인 반박은 다음과 같은 후썰 *E. Husserl*[31]의 논리학연구 제1권에 있다. 만일 사람들이 "참"이란 단어를 그것이 독일어에서 이해되는 의미에서 사용한다면, 사람들이 절대적 진리와 상대적 진리를 구별할 수 있다는 주장은 배리(背理)이다. 하나의 명제는 참이거나 참이 아니며, 제3의 것은 존재하지 않는다. 그 명제는 특정의 관점에서는 참일 수 있고 다른 관점에서는 거짓일 수 있으며, 또한 그 명제의 진리성은 다소간 확실할 수 있거나 의심스러울 수 있다. 그러나 어떤 명제가 참이나 또한 그 반대도 또한 참이라고 사람들이 말할 수는 없다. 그러한 언명은 무의미할 것이다. - 그러한 상대주의를 가정하게 되는 것은 다음과 같은 종류의 고려로 생각된다. 예컨대 "일부일처제는 바른 혼인형식이다"라는 명제는 그리스도교적인 서구에서는 참이나 동시에 근동의 여러 나라에서는 거짓일 수 있고 그러므로 그 명제의 진리성은 그때그때의 문화권에 따라 상대적이다. 그러나 사실은 그 명제의 진리성이 상대적인 것이 아니라 시간에 대한 진술과 장소에 대한 진술이 결여되어 있기 때문에 그 명제의 의미가 불확정적인 것이다.

만일 사람들이 예컨대 "그리스도교적인 서구에서는 일부일처제가 바른 혼인형식이다"라고 말한다면, 그 명제는 (절대적으로) 참이거나 (절대적으로) 거짓이거나 또는 무의미하거나이며, 그 밖의 다른 가능성은 존재하지 않는다. 그리고 사람들이 그 명제를 서구에서 말하건 근동의 국가에서 말하건 그것은 중요하지 않다.

그렇지만 상대적 정의에 관한 학설에서 중요한 그 무엇이, 곧 사람들이 정의에 관하여 하나의 언명을 할 수 있음으로써 두 개의 전

---

31) S. 114ff.

제들, 즉 하나의 규범적 전제와 예컨대 사회적 소여와 같은 하나의 사실적인 것에 대한 전제가 선행되어져 있어야 한다는 것이 파악되었다.[32] 오직 두 개의 전제 가운데 하나의 전제만이 변화하면, 즉 예컨대 독일에서와는 달리 사실상 근동에서 다른 것이 정의로울 수 있다면, 물론 결론은 변화한다. "상대적 진리"에 대하여 언급하는 것만이 거짓이다.

법칠학적 허무주의의 지반 위에서도 또한 빕철학적 회의론의 지반 위에서도 그렇게 간단하게 - 거짓인 논리적 전제들의 정체를 폭로함으로써 - 응답은 발견될 수 없다.[33]

---

32) Hans J. Wolff, Über die Gerechtigkeit als principium juris, in: Festschrift für Wilhelm Sauer, Berlin 1949, S. 103-120, 특히 S. 105f. 참조.

33) 허무주의와 회의론간의 대립에 대하여는 아래의 34절 참조.

제2장

정의의 판단기준에 대한 관심

제5절   원칙적 비판과 내재적 비판

위에서 이야기하였듯이 사람들은 상대주의를 다음과 같은 두 개의 명제로 요약할 수 있다. 1. 타당한 정의이론은 판단기준들을 명시하여야 한다. 2. 정의의 판단기준은 존재하지 않는다.

그에 따라 사람들은 두 가지 방법으로, 즉 사람들이 명제 1에 이의를 제기하거나(원칙적 비판) 또는 명제 2에 이의를 제기함으로써(내재적 비판) 상대주의와 만날 수 있다.

사람들이 원칙적 비판의 방법을 충족시키고자 한다면 사람들은 다음과 같이 논증할 수 있다. 철학적 인식은 판단기준이 가능하지도 필요하지도 않은 그런 종류의 인식이다. 철학의 결과는 판단기준이 없이도 직접적으로 인식된다. 그렇기 때문에 사람들은 판단기준에 대한 요구와 함께 철학의 가능성을 처음부터 배제하고 철학적 진리를 파악하기 위한 길을 차단한다. 이렇게 논증함으로써 사람들은 상대주의자가 학문적 인식의 개념을 허용되지 않는 방법으로 제한한다고 상대주

의자를 비난한다.[34)]

그러므로 사람들은 정의에 관한 참인 언표(言表)에 도달하기 위해서도(허무주의에 반대하여) 그 언표의 진리성을 확신하기 위해서도(회의론에 반대하여) 판단기준은 필요하지 않다고 말한다.

이 방법은 종종 – 즉 의심이 없는 판단기준에 대한 상대주의자의 요구에 동의하지 않으나 가치철학, 존재형이상학 또는 그 밖의 비경험적 철학에 의시하는 자연법이론의 모든 개혁자들에 의하여 – 채택되어 왔다. 그와 동시에 그들은 학문의 수단으로써 거의 해결할 수 없는 상대주의자들에게 반대한다.

사람들은 우선 정의의 판단기준은 존재하지 않는다는 상대주의의 핵심명제 2를 인정한다. 그러므로 상대주의자들은 판단기준을 포기하는 정의의 모든 이론에 의하여 오직 다음과 같은 것이, 즉 정의의 이론이 판단척도를 포기하여야 한다는 것은 바로 자신들이 주장했던 것이 입증된 것으로 생각한다. 모든 사람이 공유할 수 없는 철학적, 종교적 또는 세계관적 전제들로부터 자연법원칙들을 추론하는 자는 상대주의자를 적대시하는 쌍둥이이다. 양자는 단지 전제들에 대하여 하나는 "예"로, 다른 하나는 "아니요" 또는 "아마도"라고 말하는 점에서만 구별된다.

사람들이 판단기준 없는 이론을 무조건 참으로 간주하는가, 또는 사람들이 그러한 이론에 대해서 회의적인 태도를 취하는가 아니면 그러한 이론을 "무의미한" 것으로 간주하는가는 스타일, 지적 소질, 숙고의 정도의 문제이다. 상대주의의 원칙적 비판은 그들의 가교할 수 없는 대립에서 입장들을 밝히는 데에는, 전선을 표시하는 데에는 적

---

34) 예컨대 Max Scheler: Phänomenologie und Erkenntnistheorie, S. 268f.가 그러하다. 그리고 자세한 것으로는 Weltanschauungslehre, Soziologie und Weltanschauungssetzung, 특히 S. 12f.와 S. 16f.

합하나 그것들을 납득시키는 데에는 적합하지 않다.

제6절 판단기준의 정치적 의미

철학적으로 두 가지 견해는 – 진리를 주장하기 위해서는 판단기준들이 필요하거나 없어도 된다는 – 주장될 수 있다. 판단기준들이 없어도 된다는 견해는 아마도 그 자체 더 나은 근거들이 있을 것이나, 이곳에서는 상술하지 않겠다. 왜냐하면 진리를 주장하기 위해서 판단기준들이 없어도 된다 하더라도 자신의 견해를 간주관적으로 중개하기 위해서는 판단기준들이 필요하기 때문이다. 그렇기 때문에 자신의 견해가 판단기준들에 의하여 어느 정도까지 입증되는가 하는 것은 **정치적으로** 의미를 가진다. 비정치적, 개인적 세계관을 가진 자에게 타인들과의 합의는 부차적인 문제이다. 그리고 사람들이 타인들을 납득시킬 수 없다 하더라도 사람들은 그들과 더불어 너그럽고 평화롭게 생활할 수 있다. 그에 반해서 법철학에서 합의는 매우 중요하다. 왜냐하면 법철학에서는 동료인간들에게 보잘것없는 견해가 아닌, 동료인간들과의 공동생활의 형성, 정치적으로 생각하고 의욕하는 것이 문제되기 때문이다. 라드브루흐 *Gustav Radbruch*가 표현했듯이 "한편으로 정치적 당쟁이 정신의 영역에 옮겨진 것이 법철학이라면, 다른 한편으로 정치적 당쟁은 동시에 대규모의 법철학적 토론으로 나타난다."[35] 한 사람이 정치적으로 의욕하는 것은 다른 사람에게는 매우 커다란 관심

---

35) Rechtsphilosophie, S. 100.

사이다. 정치적 요구들은 결국 힘과 법적 강제를 수단으로 관철되어야 한다.

그러므로 유효한 정의이론은 판단기준들을 명시하여야 한다는 것을 부정함으로써 상대주의자들을 원칙적으로 비판하는 자에게는 다음과 같은 두 가지 가능성이 있다. 그는 견해들의 투쟁에 전혀 개입하지 않는다(.) - 그렇게 되면 결국 그때그때 지배적인 힘에 복종하게 된다. 또는 그 스스로 정의의 이론을 주장한다. 이 경우 그는 형이상학적 존재인식, 자신의 가치인식의 객관성, 법감정, 인식된 역사법칙, 신앙이나 그 밖의 것을 통한 깨달음을 원용한다. 오직 - 원칙적 사유전제에 대한 토론은 거의 불가능하기 때문에 - 개종이나 투쟁이 존재할 뿐이다. 그러나 투쟁 상황은 "분별력 없는" 상대방을 빨리 적으로 만든다. 즉 분별력 없는 상대방을 맹목적으로, 바보로, 완고한 사람으로, 그의 생각과는 달리 사악한 것으로, 반이성적으로 생각하게 만든다. - 이러한 단계에 도달하면 싸움의 당사자들은 수단의 선택에 망설이지 않을 것이다.

슈미트 *C. Schmitt*[36)]는 자칭 의심이 없는 "가치인식"에 기초하는 법철학이 어떻게 혐오할 "정의를 관철하려고 하면 대가의 개인적 이해관계를 고려해서는 안 된다"(fiat justitia, pereat mundus)*에서 끝날 수밖에 없는가를 명료하게 기술하고 있다. 그는 그가 객관적 가치의 철학에서 탐지하는 견해의 투쟁에서 "독선과 자기무장의 수단"[37)]에 대하여 이야기한다. - 그는 독선과 자기무장을 객관적 가치의 철학에

---

36) Die Tyrannei der Werte, 특히 S. 11ff.

● 원래 이 부분은 정확하게는 Fiat justitia et pereat mundus이고 이를 직역하면 "정의는 자신의 길을 가야하고 교만은 수포로 돌아가야 한다"이나, 본문에서처럼 의역하였다.

37) S. 11.

서 탐지하고 있다. 슈미트가 이곳에서 서술하고 있는 위험은 판단기준들이 결여되어 있음에 대하여 달리 생각하는 사람들과 함께 토론될 수 없으나 그럼에도 불구하고 확실성을 주장하는 모든 정의이론에 존재한다(.) - 그러한 정의이론은 이제 가치철학, 존재형이상학, 법감정, 역사철학 또는 종교적 신앙에 기초한다 할 것이다. "pereat mundus" 의 명성은 가치철학보다 더 오래되있고 - 슈미트는 그 기원을 19세기 말에서 찾고 있다[38] - 이와 반대로 역사상의 그리고 현재의 이데올로기적 섬멸전의 시작은 현대의 가치철학에 다른 정신적 운동들을 끼워 넣고 있다. 가치철학은 "가치의 폭정"을 정당화하지 않고 발견한다.[39]

상대주의에 대한 모든 원칙적 비판은 자체 내에 야만의 싹을 지니고 있다. 그 이유는 그러한 비판이 생각이 다른 자들과의 토론을 배제하기 때문이다 - 더 정확하게 이야기하면, 그러한 비판은 처음부터 결과에 대한, 즉 철학적 또는 종교적 전제들에 대한 전망이 없는 문제에 토론을 한정하기 때문이다.[40] 이곳에서는 - 예외를 도외시한다

---

38) S. 4f.
39) 슈미트는 마치 그가 인용한 하르트만 *Hartmann*이 "가치의 폭정"에 - 의식적이든 무의식적이든 - 철학적 기초를 제공하는 듯한 인상을 불러일으킨다.

항상 사람들이 셸러-하르트만의 가치철학에 반대하여 주장할 수 있는 것, 즉 이러한 비난은 부당하다. 오히려 사람들은 반대로 이 가치철학자들의 계획을 다음과 같이 정식화할 수 있다.

"가치통찰력(혜안)"를 열고 확장시킴으로써, 여러 민족과 여러 시대의 다양한 가치관점들을 이해할 수 있게 함으로써 그리고 그러한 가치관점들이 역사적으로 변하는 것과 운동의 경향을 지적함으로써 "가치의 폭정"을 극복하는 것. 이에 대하여는 Scheler: Formalismus, S. 317 참조. 그렇기 때문에 H. Broch: Massenpsychologie가 그렇게 하듯이 객관적 가치의 이론을 가지고는 기껏해야 민주적 자유에 대한 요구가 정당화될 뿐이다. 왜냐하면 충만한 가치의 발현은 자유를 전제로 하기 때문이다.
40) 이러한 의미에서 아른트 *Adolf Arndt*의 다음과 같은 경고는 전적으로 정당하다.

면 - 객관적인 확신 대신 개종이나 복종이 있을 뿐이다. 원칙적인 것의 영역에서 성공적인 토론을 한다는 것은 매우 한정되어 있다. 어떻든 결국에는 만인이 합의하리라는 데 대한 희망은 역사적으로 예측할 수 있는 시간 내에서는 항상 달성되지 않은 채 남아있게 될 것이다. 이는 개종의지가 억제되어야 한다는 것을 의미하는 것이 아니라 단지 인류의 개종에 대한 희망이 현실주의적으로 먼 후일의 이상향적 시대로 연기되어야 한다는 것을 의미할 뿐이다. 참을성 없는 개종에의 열정, 변증법적 역사과정의 고통스러운 완서(緩徐) 또는 돌이킬 수 없는 "몰락"에 대한 엄청난 두려움은 모든 시대에 인류가 가장 두려워하는 고통의 원천이었고, 개종자의 품위를 떨어뜨렸으며, 개종자들로 하여금 그들 자신의 원칙들을 - 자칭 "일시적으로" - 단념케 하였다. "일시적으로"라는 말은 우리가 세계관적으로 다원적인 공동체 내에서 살고 있고 그렇기 때문에 우리가 복종이냐 아니면 토론이냐, 야만이냐 아니면 정치적인 것의 인간화냐 라는 양자택일 앞에 서있다는 것을 인정하는 것이 중요하다는 것을 뜻한다.[41] 오직 원칙적으로 철학적

"모든 민주적 정당에게 인간에 관한 최선의 진리가 동료인간사회를 위한 척도로 고양되는 장소로서 귀속되는 순간 차선의 진리에서 비인간성이 갑자기 나타난다."(Kultur und Politik in unserer Zeit, S. 45)

[41] 스페인 파시즘의 창시자 코르테스 *Donoso Cortés*가 토론을 혐오한 것은 우연이 아니다. 그는 자유주의에 애착을 가지는 부르주아지를 '토론하는 계급'(clasa dicutidora)으로 정의한다(Carl Schmitt, Donoso Cortés in gesamteuropäischer Interpretation, S. 30에 따름). "이로써 그 계급은 심판되었다. 왜냐하면 그 속에는 그 계급이 결정을 피하고자 한다는 것이 들어 있기 때문이다."(Schmitt, a. a. O.) 이 결정은 "그리스도냐 아니면 바라바 *Barrabas*냐"라는 양자택일 속에 있으며 그와 동시에 바라바는 진보주의로 그리스도는 반동으로 분류된다(a. a. O., S. 34) - 견해의 투쟁에서 이러한 방법으로 성립된 자기무장에 대한 분개의 뿌리는 확실히 사상의 "합리성"에 대한 "악마적 증오"에 있지는 않고(Schmitt, S. 20이 그렇다) 그러한 역사신화의 필연적인 잔인성과 불법에 대한 절망과 사람들이 그러한 잔인성과 불법을 합리적이라고 간주할 수 있었던 것을 의아하게 생

또는 종교적 전제로부터만 정당화되는, 그렇기 때문에 모든 그룹들로부터 인정받을 수 없는, 그러므로 토론을 실제로 배제하는 정의의 모든 이론은 복종과 야만이라는 첫 번째 양자택일에 유리한 체념을 의미한다. 정치적인 것을 인간화하기 위한 조건은 객관적 토론이다. "싸우는 데는 두 가지 방법, 즉 토론과 폭력이 있다. 전자는 인간다운 방법이고 후자는 동물적인 방법이기 때문에, 첫 번째 방법을 사용하는 것이 불가능한 경우에 비로소 사람들은 두 번째 방법에 호소해도 된다."(치체로 *Cicero*)[42]

법과 정의에 대한 토론은 견해의 차이를 극복할 수 있게 하는 판단기준들이 존재하는 경우에만 가능하다. 그러므로 판단기준들이 존재하고 경우에 따라서는 그러한 기준들이 무엇인가라는 문제는 정치적·도덕적으로 커다란 관심사가 된다.

제7절 상대주의 논쟁의 역사적 배경

이제부터 상대주의 문제의 의미와 (파급)효과를 고찰하고자 한다. 물론 순 철학적 견해의 차이만이 문제되는 것은 아니다. 상대주의는 정치적 관심사와 정치적 결과를 가진다. 이로부터 사람들이 오래전부터 상대주의에 부여하는 지극히 커다란 의미와 드물지 않게 도덕적 명예훼손의 차원에까지 이르는 토론의 종종 특별한 과격성과 열광이

각하는 데 있다.

42) De officiis, I, 11, 34. 서두(10쪽)의 모토를 보라.

설명된다.[43)]

사람들은 상대주의가 금세기에 국가에 의하여 끔찍할 정도로 행해진 불법에 공동책임이 있다고 비난한다. 상대주의는 첫째로 법과 정의에 대한 감정을 파괴하였고 국가권력이 철면피하게 남용될 수 있도록 길을 열어주었으며, 둘째로 자연법에 대한 혁명적 신앙을 파괴함으로써 내적 저항을 마비시켰고, 셋째로 법률가들을 순 형식주의적·실증주의적 법률적용자로 교육시켜 또한 불법의 하수인으로 될 수 있게 하였다는 것이다.

어느 정도까지 역사가들은 상대주의의 그러한 영향을 확실히 증명할 수 있을 것이다. 그러나 잘못된 결론을 피하기 위해서 상대주의의 적대자도 똑같은 정도의 그리고 더 많은 책임이 있다는 사실을 시야에서 배제해서는 안 될 것이다. 상대주의자들에게 행해진 비난은 어떻든 일방적이라는 것은 상대주의자들이 박해자들이 아니라 박해받는 자들에 속하였다는 것을 사람들이 안중에 둔다면 명료해질 것이다. 법의 파괴는 켈젠과 브레히트 *Arnold Brecht*가 망명을 하지 않으면 안 되었고 라드브루흐가 교수직을 상실하고 슐릭 *Moritz Schlick*이 살해당한 그 몇 년간에 시작되었다. "유죄인 것은 살인자가 아니라 살해당한 자이다"는 때때로 심리학적으로는 이해되지만, 그러나 적절하지도 않고 온전한 현실을 파악하는 진술도 아니다. 상대주의가 "속죄양"의 역할을 하지 않으면 안 되는 한, 상대주의의 관심사를 이해하고 상대주의와 함께 주어진 문제들을 해명하는 길은 막히며, 사람들은 반쪽

---

43) Erik Wolf: Umbruch oder Entwicklung in Gustav Radbruchs Rechtsphilosophie?, ΛRSP 1959, S. 495f.는 라드브루흐가 자신의 상대주의 때문에 참고 견디어야 했던 비방적인 언사를 개관하고 있다. 그 중 몇 가지 예를 들면 다음과 같다. 견유주의 … 소피스트적 회의론 … 더할 나위 없이 비창조적으로 된 정신 … 허약하고 비참한 철학 … 정신적으로 피로한 철학 … 가치의 부정 … 문화적 타락 … 니힐리즘.

의 진리 안에 붙잡히게 된다. 상대주의의 문제는 사람들이 감당할 수 있기에는 너무나 중요하다.

상대주의자들이 "개인적으로" 자유주의적이고 민주적인 생각을 가졌던 것만은 아니다. 상대주의자들에게 상대주의는 자유민주주의에 새로운 이론적 기초를 제공하려는 시도라는 것은 자명한 것이었다.

상대주의는 시간적으로 현대 이데올로기들보다 선행하였고 우선 법과 정의에 대한 감정을 해체함으로써 역사적으로 현대 이데올로기들을 제약하였다는 종종 반복되는 주장은 상대주의를 지나치게 싸잡아서 잘못 생각하고 있고 현대사상의 다양한 경향을 구별하지 않고 있다. 오히려 상대주의는 역사적으로 서로 배척하는 다양한 세계관들과 그로부터 결과되는 다양한 정치이론들이 이미 성립한 후에 성립하였다.

브레히트 *Arnold Brecht*는 이곳에서 화제가 되고 있는 상대주의는 비로소 세기전환기에 - 보다 정확히 말하면 독일에서 - 처음으로 표현되었고 그것은 독일에서 또한 처음으로 보급되었다는 점을 설득력 있게 설명하였다.[44] 우리는 아마도 1920년대를 상대주의의 전성기로 간주할 수 있다.

타당한 정의이론은 경험적인 판단기준을 제시하여야 한다는 명제는 요컨대 많은 세계관적 경향을 지닌 당파들이 - 각 당파가 전부를 요구하면서 - 국가 내에서 권력을 쟁취하려고 다투고 이러한 당쟁이 일당전체주의가 임박한 가능성이 될 정도로 격렬해진 시기에 역사적으로 만기(滿期)가 되었다. 그 명제는 세계관을 가진 집단들이 모든 것을 요구하는 것을 저지하고 민주주의를 정당화하는 기능을 하였다.

그 명제는 제 세계관은 서로 배척하며 그 도덕적 파토스는 유화적

---

44) Politische Theorie, Teil II, Kap. 6, 특히 S. 305.

인 공존을 가능하게 하는 것이었다는 통찰에 의하여 설득력을 획득하였다. 모든 정치이론은 같은 정도로 절대적 진리를 주장하고 그 결과 자신만이 오로지 타당하다고 주장하였기 때문에, 그 명제는 모든 정치이론에 대하여 똑같은 이의를 제기하고 모든 정치이론에 대하여 다른 정치이론들과 공존할 것을 요구하였다.

그 명제가 의미하는 것은 다음과 같은 요청이었다. 즉 어떠한 판단기준도 제시할 수 없는 자는 자신의 관점이 진리라고 주장해서는 안 되며, 그렇기 때문에 구속력을 가져야 한다고 주장해서도 안 된다는 것을 통찰할 것이다. 그리고 또한 그렇기 때문에 그는 관용에 만족하고 민주적 자유를 존중할 것이다.[45] 어떤 시대 어떤 나라에서도 자유와 민주주의에 찬성하는 고전적 논거들이 설득력을 가지지 못했기 때문에 이러한 경고는 관용의 국가형태를 이론적으로 근거 지으려는 최후의 필사적인 시도였다.

물론 이러한 경고는 반드시 논리적으로 설득력이 없기 때문에, 즉 사람들은 전적으로 자기 자신의 견해가 상대적이라는 것을 통찰하는 것을 불관용과 결합시킬 수 있기 때문에, 정치적으로는 효력이 없을 수밖에 없었다.[46] 그러나 상대적인 견해를 다른 사람들에게 무리하게 강요하는 방해물들은 더 폭넓은 - 도덕적, 역사철학적 또는 권력정치

---

45) 특히 Hans Kelsen, Vom Wesen und Wert der Demokratie와 Staatsform und Weltanschauung 및 Gustav Radbruch, Le Relativisme dans la Philosophie du Droit 참조.

46) 예컨대 무솔리니 *Mussolini*는 1922년 10월 나폴리에서 다음과 같이 선언하였다. "우리는 신화를 창조하였다. 그 신화는 신앙이며, 고귀한 영감이다. 그것은 현실일 필요가 없다 …"(C. Schmitt, Die geistesgeschichtliche Lage des heutigen Parlamentarismus, S. 89에 따라 인용). 그러나 이러한 경우에는 상대성을 통찰했음에도 불구하고 불관용이 성립하며, 불관용은 예컨대 뤼펠 *Ryffel*이 "Der Wertpluralismus als philosophisches Problem", S. 310f.에서 주장하고자 하는 것처럼 상대주의의 결과는 아니다.

적 - 제 고려로부터만 분명해진다. 상대주의는 그러한 고려를 결코 제공하지 않으며 그와는 정반대로 그러한 고려들의 한 부분, 즉 가치에 대한 고려를 명시적으로 배척한다. "정의의 판단기준은 존재하지 않는다"는 명제는 상대주의자들의 의도와는 정반대로 전적으로 권력 행사에서 제동장치를 없애는 데 유리하게 작용하는 습성이 있다. 그 명제를 말하는 자가 어떤 방법으로 권력에 억압받는 자들의 존엄을 존중하는가에 따라 그 명제는 물론 관용에게 유리하게 작용할 수도 있다. 그 명제는 관용에 익숙한 자를 더 관대하게, 그러나 또한 철면피한 자를 더 철면피하게 만든다. 그 명제는 바이마르 공화국에서는 전체주의 정당들에 대해서도 관용을 장려하였고, 히틀러가 집권한 시기에는 양심의 가책을 느끼지 말 것을 장려하였다.

사람들은 이러한 역사적 배경 하에서 그럼에도 불구하고 정의의 판단기준이 존재하는가 여부의 문제가 의미를 가지고 등장할 것을 기다려야 할 것이다. 그러나 상대주의자들의 상대방들은 정의의 판단기준이 존재하지 않는다는 데 대해서 전혀 이의를 제기하지 않았다. 오히려 그들은 진리를 주장하면서 정의를 화제로 삼는 자는 판단기준들을 제시하여야 한다고 그 명제를 폄하하였다. 그들은 어떤 판단기준도 제시하지 않으면서 그럼에도 불구하고 정의는 존재한다고만 선언하였다.

정의의 판단기준에 대한 물음에 관여하지 않음으로써 그들은 그러한 것이 존재하지 않는다는 것을 인정하였다. 그밖에도 정의의 판단기준에 대한 요구를 폄하함으로써 그들은 법적 견해들의 간주관적 매개가능성에 대한 요구와 그와 더불어 토론에 대한, 정치적인 것의 인간화에 대한, 민주주의에 대한 요구를 폄하하였다.

그러므로 상대주의자들과 그들의 상대방들 모두가, 즉 상대주의자들은 정의의 판단기준은 존재하지 않는다고 선언하였기 때문에 그들의 상대방들은 그 판단기준에 대한 문제를 불필요하다가 선언하였기 때문에, 법의 파괴에 한몫을 하였다. 그러나 상대주의자들의 업적은 일반적으로 정의의 판단기준에 대한 문제를 제기하였고 그 정치적 의미에 대하여 주의를 환기시킨 데 있다. 사회는 세계관적으로 다원성을 띠고 있기 때문에 이 문제를 항상 되풀이해서 강요한다. 이미 지적한 것처럼 제2차 세계 대전 후에 간주관적 매개가능성을 고려하지 않고 정의를 근거 지으려는 많은 시도들은 기대를 채워주지 못하고 원래 역사적으로 만기가 된 문제의 곁을 스쳐지나갈 뿐이다.

정의의 판단기준에 대한 질문에 대하여 대답이 주어질 수 있는가 그리고 경우에 따라서는 어느 정도까지 대답이 주어질 수 있는가 여부는 밝혀져야 한다. 논의의 상황, 역사적 상황은 어쨌든 시도할 것을 요구한다.

제8절 종래 언급된 판단기준들에 관한 개관

어떤 문제에 대하여 대답이 주어져야 할 시기가 도래하였다는 것은 특히 많은 다양한 저자들이 동시에 그리고 상호간에 독자적으로 그 문제에 대하여 입장을 표명하고 있거나 그들이 그 문제의 의미를 인정하고 있다는 사실에서 입증된다.[47] 최근에 종종 정의의 판단기준에

---

47) 예컨대 히펠 F. von Hippel이 그렇게 하고 있다. "이미 법학의 기반 자체에서 엄격한 의미에서 참과 거짓, 정당과 부당, 법과 불법이 단 한 곳에서만이라도 입증되는 순간 법적 허무주의는 반박되었다. 그러한 증거는 도처에서 가져올 수 있다. 그리고 중요한 것은 그와 동시에 어떤 형이상학적 법적 고지(高地)를 정복할 필요가 없다는 점이다. 그 대신 우리는 일상적인 소여와 법적 문외한, 어

대한 질문이 제기되었고 비록 여러 가지 시도가 일반적으로 커다란 성과가 있었던 것은 아님에도 불구하고 사람들은 다양한 대답을 제시하였다. 이곳에서는 몇 가지 중요한 연구결과들에 대하여 개관하려고 한다.

누구보다 먼저 상대주의와 대결하는 것을 생애의 주된 과제로 생각했던 브레히트를 들어야 할 것이다.

브레히트는 정의로운 법질서에는 다음과 같은 다섯 가지 요구가 있다는 결론에 도달하였다.[48]

1. 진실, 즉 결정의 대상인 사태는 사실상 존재하여야 한다.
2. 가치체계의 일반성(즉 항상 동일한 가치체계에 따라 결정되어야 한다)
3. 수용된 가치체계에서 동일한 것으로 통하는 것은 동일하게 취급되어야 한다.
4. 수용된 가치체계가 요구하지 않는 자유에 대한 제약이 있어서는 안 된다.
5. 자연적인 여건은 존중되어야 한다.

슈프랑거 *Eduard Spranger*는 코잉 *Coing*의 법철학에 대한 비판에서 모든 정의로운 법질서가 가져야 하는 다음과 같은 두 가지 원칙을 들고 있다.[49]

첫째, 권력의 길들이기는 권력이 보호하고 실행할 수 있는 어떠한

린이의 건전한 법감정으로부터 일상적인 소여를 본능적으로 판단하는 것을 화제의 실마리로 삼을 수 있다."(Vorbedingungen, S. 40)

48) The Political Philosophy of Arnold Brecht, S. 35(이제는 Politische Theorie, S. 477f.).

49) Zur Frage der Erneuerung des Naturrechts, S. 417f.

권력도 법질서의 배후에 남아 있을 정도로 포괄적이어서는 안 된다.

둘째, 최소한 어느 정도 자의(恣意)가 스스로를 제약하지 않으면 정의로운 법은 가능하지 않을 것이다.

미타이스 *Heinrich Mitteis*는 "(필연적인) 결과"에서 정의의 판단기준을 보고 있다.[50]

타멜로 *Tammelo*[51]는 모든 시대와 모든 민족의 법질서에서 통용되었을 다음과 같은 몇 가지 법문을 실례로 든다. 부부의 성적 교섭권, 법 동료에 대한 살인금지, 정당방위권과 권리보호권. 신법우선(lex posterior derogat legi priori)의 원칙도 법률보다 상위에 있는 법원리라고 한다.

델 베끼오 *Georgio del Vecchio*는 정의의 "논리적 표지"에 대하여 언급하고 있는데, 그가 그 말로써 생각하고 있는 것은 이곳에서 "판단기준"으로 표현되는 것과 거의 동일하다.[52] 그는 양면성, 평등, 호혜주의, 급

---

50) "이렇게 우리는 결과에서 인간의 공동생활의 근본원리와 그리고 동시에 정의의 근원현상을 인식한다. 결과는 그것으로써 참으로 일반적이고 모든 구체적 상황에 적절한 인간행위가 표현되는 키워드이다. … 우리가 계약은 지켜져야 한다(pacta sunt servanda)라고 말하든, 평등한 것은 평등하게 불평등한 것은 불평등하게 취급되어야 한다고 말하든 또는 각자에게 그의 몫을 … 이라고 말하든 항상 그곳에는 일관된 행위가 요구된다는 의미가 들어 있다. 그리고 이와 같은 것은 그로부터 우리가 자연법의 이름으로 비판적으로 평가하면서 모든 실정법질서에 접근하는 지도적 관점이다. 실정법질서는 우선 내재적 비판을 통하여 그것이 모순 없이 그 고유의 구성법칙을 따르고 있는지 여부가 조사되어야 한다."(Über das Naturrecht, S. 35)

51) Überlegungen zum Problem des Unveränderlichen im positiven Recht. 타멜로의 연구 "Justice auf Doubt"는 이곳에서 제시된 주체의 의미에서 어떠한 판단기준도 포함하고 있지 않다.

52) Die Gerechtigkeit, 2. deutsche Aufl., Basel 1950, § 8(S. 87ff.). 이에 대하여는 Hans J. Wolff in ZStW 110(1954), S. 375ff.

부의 평형, 유상성(有償性)의 다섯 가지 논리적 표지를 거명하고 있다.

마르크스 *Karl Marx*의 사상에서 정의로운 것의 이념에 관한 연구에서 다렌도르프 *Dahrendorf*는 마르크스에게 어떤 것이 정의의 판단기준인가를 다음과 같이 밝혔다.53)

1. 자신이 활동한 결과 생겨난 생산물에 대한 인간의 소유권
2. 생산수단에 대한 소유권
3. 자유로운 인간들의 결사로서 사회의 조직(인간의 다른 인간에 대한 지배의 배제)
4. 노동자를 특정의 좁은 영역에 구속하지 않는 노동의 조직
5. 모든 사람의 필요를 고려하는 분배

벨첼 *Hans Welzel*은 인격의 자율은 존중되어야 한다는 원칙을 들고 있다.54)

그밖에 정의로운 법에서 법적 결과가 조건의 발생에 결합되면(예컨대 책임에 대한 형벌), 개별적인 사례에서 조건의 발생이 흠 없이 확정되어야, 즉 이른바 조건의, 예컨대 책임의 "사물논리적 구조들"이 현상적으로 정확하게 분석되어야 할 것이다. 또한 입법자도 자신과 모순되어서는 안 된다. 입법자가 예컨대 책임에 형벌을 결합시켰다면 입법자는 공범개념을 자의적으로 정의해서는 안 되고 오직 그 사물논리적 구조에 따라 정의할 수 있다.

켐프스키 *Jürgen von Kempski*55)는 정의를 위하여 척도로서 기여하는

---

53) Marx im Perspektive, 특히 S. 118.

54) Naturrecht und Rechtspositivismus, S. 50.

55) Jürgen von Kempski: Bemerkungen zum Begriff der Gerechtigkeit. 켐프스키는 가족법, 행정법, 형법 등보다 특히 민법의 거래법과 상법을 염두에 두고 있다.

관념상의 법질서를 존중해야 한다는 여러 원칙을 발전시키고 있다. 그러한 법질서는 1. 조화에 기여해야 하고(평화), 2. 특권과 불이익을 포함해서는 안 되며(평등), 3. 자유의 조건 하에 행위를 보장하여야 하고(사적 자치), 4. 모든 이해관계가 충돌하는 상황에 참여하는 자들을 위하여 최적의 조정을 창출하여야 한다. 마지막 점과 관련하여 제기된 문제에 관해서 그는 그 문제를 놀이이론의 도움을 받아 해결하는 것이 가능하다고 간주한다.

퀴헨호프 *Günther Küchenhoff*는 법학에서 "최소한"으로서 모든 법질서가 보장하여야 하는 권리들을 들고 있다.[56]

1. 최소한의 생활권(사회복지권, 면세, 채무자보호, 압류의 제한)
2. 최소한의 실존권(특정의 변화범위 내에서 인간에게 주어진 소질을 자유롭게 발현한다는 의미에서)
3. 생활에서 실존을 형성하는 수단으로서의 자유권
4. 인간 상호간의 최소한의 권리 내에서 평등권
5. 실존을 형성하는 기회에 대한 평등권

마샬 *H. H. Marschall*은 다음과 같은 두 가지 원칙이 존재한다는 결론에 도달하고 있다.[57]

1. 누구도 자신의 일에 재판관이 될 수 없다.[58]
2. 다른 편의 이야기도 경청되어야 한다(Audi alterem partem).

---

56) Der Begriff des Minimums in der Rechtswissenschaft, NJW 1959, S. 1254ff.
57) H. H. Marschall: Natural Justice, London 1959, 특히 S. 16ff. 이에 대해서는 H. Steiger, ARSP 1960, S. 291ff.
58) No man shall be judge in his own cause.

코넬 *Cornell*대학 법학부는 - 포드 *Ford*재단의 지원을 받아 - 10년
짜리 프로젝트를 수행 중인데, 그 목표는 세계계약법을 가능하게 하
기 위하여 계약법의 분야에서 모든 문명화된 세계의 법원칙들에서 공
통의 핵심을 분명히 하는 것이다.59)

주목할 만한 것은 종종 - 개별적으로 판단기준들이 지정되지 않는
곳에서도 - 사람들이 무엇이 정의인가를 알지 못하는 경우에도 사람
들이 어쨌든 무엇이 불의인가를 알 수 있다는 생각이 등장한다는 사
실이다. 이러한 의미에서 틸레케 *Thielecke*는 "자연법"의 개념에 커다
란 영향력을 행사하였다.60) 일반적으로 최근의 철학에서는 사람들은
입증할 수 없는 곳에서 위조할 수 있다,61) 학문은 아마도 일반적으로
위조할 수 있을 뿐이다62)라는 법철학을 위해서도 암시가 풍부한 생각
을 한층 빈번하게 만나게 된다.

이미 언급된 문헌들의 방법과 결과에 대하여 비판적인 입장을 표
명하기 전에63) 특히 이하의 연구가 시도하는 원칙적인 문제제기를 발
전시켜야 할 것이다.

---

59) "Frankfurter Allgemeine Zeitung" v. 23. 11. 1961, S. 2에 따름.

60) H. Thielecke, in: Kirche und Öffentlichkeit, Tübingen 1947, S. 98. 동일한 생각은
브레히트(Politische Philosophie)에게서 등장하며 그것은 분명 그가 정의의 다섯
가지 절대적 요구를 발전시키도록 한 출발점들 중의 하나였다(이미 The Political
Philosophy of A. Brecht, S. 34 참조). 더 나아가서 Maunz-Dürig, Kommentar
zum Grundgesetz Art. 20, Fußn. 20을 보라.

61) Han J. Wolff, Begriff und Kriterium der Wahrheit, S. 600이 그러하다. 아도르노
*Th. W. Adorno*는 스피노자 *Spinoza*의 유명한 명제를 뒤집어 다음과 같이 말한다.
거짓은 고상함과 진리의 지침이다(Falsitas est index suae et veritas).

62) 포퍼 *Popper*는 이러한 논거로써 입증할 수 있는 명제들만이 의미 있는 것으로
유효할 수 있다는 견해에 대하여 이의를 제기하였다.

63) 아래의 11절을 보라.

제3장

연구의 방법

상대주의의 논증방식은 일반적으로 다음과 같다. 첫째로 정의에 관한 모든 언표는 결국 가치판단을 근거로 한다는 것이다. 둘째로 궁극적인 가치판단들 간의 갈등을 간주관적으로 해결하는 것이 불가능하다는 것이 지적된다. 이로부터 셋째로 정의에 대한 판단은 상대적이라는 결론이 얻어진다.

어느 범위에서 가치에 대한 언표는 학문적으로 판단될 수 있는가라는 질문에 대해서 최근 50년 동안에 대규모의 문헌들이 궁극적인 가치판단은 간주관적으로 전달될 수 없다는 확실한 결론을 발전시켰다.[64]

그러나 상대주의적 삼단논법의 다른 전제 - 정의에 대한 판단은

---

64) 가치철학에 대한 셸러 *Max Scheller*의 연구는 사람들이 자신의 가치판단을 양심에 거리낌이 없이 "참"으로 인정해도 된다는 것과 어떠한 상황에서 그렇게 해도 되는가를 보여주었다. 그러나 진리는 셸러에 따르면 명시적으로 간주관적인 전달가능성으로부터 독립되어 있다.(위 4절의 각주 30 참조)

결국 가치판단이다 - 는 아직까지 심각하게 문제되지 않았다. 그 전제는 자명한 것으로 통한다. 상대주의의 대표적 주장자들 - 라드브루흐 *Radbruch*와 켈젠 *Kelsen* - 은 그 전제를 물론 명시적으로 도입한다. 그와 동시에 그들에게 두드러지게 어려움이 생겨난다.

라드브루흐는 그의 「법철학」 제1절에서 법이념은 평가적 행위에 속한다고 설명한다. 그런 후 그는 제2절에서 당위명제들은 다른 당위명제들에 의해서만 근거 지을 수 있고, 상이한 가능한 최종의 당위명제들이 존재하며 그것들 사이의 관계를 학문적으로 결정할 수는 없다고 설명한다. 그렇게 함으로써 그는 외관상 정의에 대한 판단은 가치판단이라는 것을 입증하였다. 그러나 외관상으로만 그러할 뿐이다. 왜냐하면 사람들은 두 개의 문제, 즉 이 특정한 사례에서 무엇이 정의로운가와 이 사례에서 정의가 의당 행해져야 하는가를 구별하여야 하기 때문이다. 라드브루흐의 경우에는 두 개의 문제가 구별되지 않은 채 섞여 있다. 정의가 의당 행해져야 한다는 것으로부터는 아직 또한 "x는 정의롭다"는 언표가 가치판단 또는 당위판단에 환원될 수 있다는 것이 결론되지 않는다. 그것은 자신의 논거를 필요로 하며 이곳에서는 잠정적으로 의당 의심될 뿐이다.

더 분명하게 켈젠은 상대주의의 제1 전제의 도입에 실패하고 있다. 「정의란 무엇인가」 - 제1장 - 라는 그의 저서에서 우선 그는 정의란 사회적 행운이라고 주장한다. 그리고 나서 그는 - 두드러지게 이해하기 어려운, 부분적으로는 그야말로 부적절한 표현에서[65] - 다양한 이해관계에 따라 사회적 행운에 대한 다양한 견해들이 존재한다고 설명한다. 이제 그는 단지 실례를 들어 일련의 합리적으로 해결할 수 없는 가치갈등을 제시할 필요가 있다. 그러나 정의는 사회적 행운을 의

---

65) S. 5f.

미한다는 것이 의심스럽지 않지도 않을 뿐만 아니라 사회적 행운에 대한 그때그때의 생각이 필연적으로 개인적 이해관계에 종속되어야 하는 것도 아니며, 더 나아가서 이해관계의 충돌과 가치의 충돌이 곧바로 동일시되어도 되는 것도 아니다.

그렇게 탁월한 그리고 평소에는 명확하고 정확한 저자들이 갑자기 그렇게 부정확하게 된다면 사람들이 의아하게 생각하는 것은 근거가 있다. 그리고 일반적으로 명백하게 우세한 명제가 일단 도입되는 곳에서 그렇게 부적절하게만 근거지어진다면 그 문제를 시험할 시기가 도래한 것으로 생각된다. 다음과 같은 의문들이 제기된다.

사람들이 "x는 정의를 충족시킨다."라고 말하는 경우 그것은 엄밀하게 무엇을 의미하는가? 사람들은 그로써 실제로 가치 관념을 표현하는가 또는 사실판단을 표현하는가? 정의에 대한 판단이 결국 가치판단이라는 데 대한 예가 존재한다면 반대예도 존재하는가? 만일 그렇다면 가치갈등에 환원될 수 있는 정의에 대한 상이한 견해들과 그렇지 않은 견해들은 어떤 관계에 있는가? – 수와 또한 정치적 중요성에 따라? 논쟁의 여지가 없거나 논쟁의 여지가 없게 된 법규칙들과는 어떠한 관계에 있는가? – 가치 관념들에서 "우연의" 의견합치를 근거로만 합의가 성립하는가? 사람들이 정의의 문제에 대하여 끊임없이 예나 지금이나 토론하는 것이 어떻게 가능한가? 굴복만이 존재하고 설득이 존재하지 않는 이해관계의 투쟁만을 차폐하는 가망 없는 외관상의 전투를 사람들은 수행하는가? 토론에서 진보가 존재하고 그리고 그럼으로써 법발전에서 진보가 존재하는가? 만일 그렇다면 어떻게 그것은 가능한가? 어떤 판단기준들이 어떤 운동노선은 반동적이고 어떤 운동노선은 진보적이라는 것을 결정하는가?

정의에 대한 판단은 결국 가치판단이라는 명제의 그렇게 확실한 지배는 한번 실험적인 사고상의 가설로서 다음과 같은 반대주장을 내

놓을 것을 요구한다. 정의는 귀중하고 의당 실현되어야 한다는 명제
는 가치판단이거나 당위판단임에 반하여 그것과 그것은 정의를 충족
시킨다는 명제는 사실판단이다.

정의에 대한 판단이 사실판단이라면 정의에 대한 상당히 다양한
의견들은 새로운 설명을 필요로 한다. 새로운 설명은 - 역시 가설적
으로 - 문제되는 사실들이 특별히 포괄적이고 복잡하다는 데서 찾을
수 있을 것이다. 경제학, 사회학, 범죄학, 인류학이 그것도 학문적 토
론의 완만한 절차에서만, 경험을 통해서 그리고 경험을 활용해서만,
이론들을 제시하고 이론들을 위조함으로써만, 관찰과 통계 등을 통해
서만 아마도 해명할 수 있는 사회적 맥락이 문제된다. 사람들이 언급
된 학문들이 겨우 그 발전의 시초에 있다는 것을 염두에 둔다면 사
람들이 임시적으로 잡다한 극히 깊이가 없는 이론들에 의존하고 있다
는 것, 이러한 이론들이 대중화되고 그러므로 더욱 요약된 형태로 정
치적 "견해들"의 다양성으로 된다는 것과 다양한 견해들은 가교할 수
없는 것으로 생각된다는 것이 이해된다. 경제위기의 원인과 방지가능
성, 인종혼합의 영향, 국민의 공간수요, 사회적 안전의 심리학적 결과,
경제대국의 영향, 인간의 환경제약성, 사형의 위하효 등등 - 커다란
정치적 논쟁문제들은 어쨌든 상당 부분 복잡한 사실관계와 관계되어
있다.

사정이 그러하다면 항상 새로운 경험과 인식이 어떤 오류들을 해
결하고 극도로 거친 새로운 오류들에 다시 빠질 위험을 경감하여 이
러한 방법으로 실정법이 점진적으로 정의를 향하여 발전하는 것이 지
나치게 불가능하지 않은 것으로 생각된다. 그렇다면 역사철학적 결론
은 다음과 같을 수도 있을 것이다. 지난 세기의 후반 3분의 1까지 활
발했던 것처럼 그때그때의 현실을 찬미하고 현실의 비참함에 눈을 감
는 순진한 진보에 대한 낙관주의는 어떠한 버팀목도 발견할 수 없을

것이다. 그러나 20세기에 그렇게 대단하게 만연된 모든 진보이념에 대한 경멸은 다른 측면에 대한 과장으로 생각될 수도 있다. 그러한 경멸은 역류(逆流)로 이해될 수 있을 것이나 실제로 주어진 진보가능성을 현실주의적으로 평가함으로써 정정될 필요가 있을 것이다.

정의에 관한 이론이 아직까지 이론의 여지없는 진보를 성취하지 못한 것이 증명된다면, 정의에 대한 판단은 사실판단이라는 가설은 지체 없이 다시금 포기되어야 할 것이다. 그러나 경험적인 문제에서 여기저기서 합의를 이룰 수 없다는 것은 전혀 있음직하지 않다. 그러므로 곧바로 의문의 여지없는 - 역사적 토론과 경험에 참여했거나 또는 그러한 토론과 경험을 그들의 역사의식에서 받아들인 자들의 권역에서, 즉 문화권과 법역(法域) 내에서 의문의 여지없는 법규범이 존립하는가 여부가 문제된다. 토론과 경험 이전의 법규범을 인정하지 않는다고 해서 - 그러므로 "발전되지 않은 법질서"에서 - 법규범의 상대성이 입증되는 것은 아니다. 그렇지 않다면 또한 코페르니쿠스적 세계상에 대한 반대도 전혀 방법과 증거에 근거하지 않은 것들을 통하여 코페르니쿠스적 세계상을 "상대화"하여야 할 것이라는 가정은 무의미한 것이다.[66]

역사적으로 제약된 법역들에서 곧바로 의문의 여지없는 것으로 효력을 가지는, 예컨대 독일에서 뿐만 아니라 "제3제국"에서, 그와 마찬가지로 서독과 공산주의가 통치하는 지역(즉 동독)에서도 인정되는 다음과 같은 법규범들이 실제로 존재한다. 예컨대 민법상의 거래법, 특히 채권법과 물권법, 소송법, 심지어는 형법과 행정법의 다양한 규칙들이 그것이다. 바로 이러한 규칙들은 논쟁의 여지가 없기 때문에 사람들은 그것들을 덜 의식하고 있다. 그리고 사람들은 그러한 원칙

---

66) "상대적 진리"라는 개념에 대한 후설의 반박에 관한 위 제4절 참조.

들을 감지하지 못한다. 단지 견해의 충돌이 있는 문제들만이 세인의 이목을 끌게 된다.

이러한 규범들은 그것들이 오늘날 생각될 수 있는 것처럼 결코 공허하고 중요하지 않으며 자명한 것은 아니다. 그것들 중 대부분은 이전에는 활기찬 논쟁의 대상이었고 많은 규범들은 격렬한 정쟁의 대상이었다. 그러나 경험이 경험적 통찰을 그리고 통찰은 합의를 가져왔다. 예컨대 형법의 증거원칙을 둘러싼 논쟁을 회상해 보자. 더 이상 돌아갈 수 없는 경험과 토론을 근거로 결국 사람들은 오직 자백이나 2명의 증인만이 진실을 밝힐 수 있다는 카롤리나 *Carolina*법전의 전제를 포기하였다. 주지하듯이 그러한 토론들의 기초를 이룬 것은 다양한 가치판단이 아니라 어떤 증거원칙들이 진실발견과 오류방지의 개연성을 제고할 것인가라는 복잡한 사실문제에 대한 견해들이었다. 그렇기 때문에 통찰과 합의가 가능했던 것이다.

그러므로 전체로서 정의에 대한 판단은 - 첫 인상과 일반적으로 지배적인 견해에도 불구하고 - 적어도 상당 부분 사실판단이라는 가설은 좀 더 근본적인 시험이 보람 없게 생각될 수 있을 정도로 그렇게 정도를 벗어난 것이 아니다.

제10절 몇 가지 이의

그럼에도 불구하고 이제까지 이야기된 것에 대하여 일련의 이의를 상상해볼 수 있다.

우선 사람들은 이곳에서 그 법적 성격이 확실하다고 주장되는 규칙들에 대하여 종종 충분히 도덕적 확신에서 그것들을 위반할 수 있다고 이의를 제기할 수 있을 것이다. 이러한 이의는 이 연구와 같은 연구의 대상인 실천적 가치의 한계를 명백하게 드러낸다. 즉 정의 일반이 의욕되거나 추구되는 한에서만 정의란 무엇인가에 대한 토론은 풍요롭고 의미를 가질 수 있다. 예나 지금이나 언제라도 그들에게 정의란 중요하지 않거나 기껏해야 부차적인 서열의 것에 지나지 않는 집단들이 충분히 있다. 그들의 모토는 다음과 같다. "선 또는 악 - 내 나라" 또는 "법 또는 불법 - 교회"("목적은 수단을 신성하게 한다."), "법 또는 불법 - 공산주의", "법 또는 불법 - 역사적으로 전래된 질서" 등. 그리고 종종 차원이 낮은 이념이라도, 단순히 개인적 이익이라도, 정의가 희생되는 집단에 대한 권력조직, 연대감과 예속감정 (선 또는 악 - 내 압력단체)이라도 충분하다.

그러나 그러한 입장은 정의의 판단기준들의 선재성과 통찰에 반하는 그 무엇도 입증하지 않으며 바로 그것들이 존재한다는 것을 입증한다. 이와 같은 것은 항상 반드시 불신을 만들어내는, 즉 - 비록 은폐하고 변명한다 하더라도 명백하게 - 표현되는 말인 이른바 "더 고차원의 정의"를 추구한다고 하면서 정의를 무시하는 경우에도 같다. 즉 이곳에서는 "본래의", 꾸밈없는, 단순한 정의가 위반된다. "정의"란 꾸밈없는 단어를 냉소적으로 남용하여 예컨대 특히 공포적인 사법을 정당화하거나 예컨대 죄 없는 자에게 의도적으로 유죄판결을 내린다고 해서 그것이 정의가 존재한다는 명백한 사실에 반대하는 입증이 되지는 않는다. 그리고 이는 마치 "사랑"이란 단어를 창녀가 남용한다고 해서 사랑이 존재한다는 명백한 사실에 반대하는 입증이 되지 않는 것과 마찬가지이다. 어떤 단어를 남용하여 사용하는 것은 그 자체로서 인식된다.

예컨대 유명한 드레퓌스 *Dreyfus*사건에서 그랬듯이 죄 없는 자를 위조된 문서를 근거로 유죄판결을 내리고 음모를 씌워 무죄를 밝히는 것을 방해한다면 음모자들 스스로가 그러한 것이 정의에 일치한다라고 믿지 않을 것이다. 그리고 음모자들이 그러한 것이 정의에 일치한다는 것을 믿는다고 주장한다면 음모자들이 잘못 생각하거나 거짓말을 하고 있는 것이다. 그러한 것을 받아들이는 억제는 누구도 설득시키지 못하는 이성의 기반을 이탈한 독단론에서만 기인될 수 있다. 그런 까닭에 드레퓌스 사건에서 음모자들은 또한 계속해서 드레퓌스의 무죄, 문서의 위조 등에 대해서만 이론을 제기하고 유죄를 주장했던 것이다. 진지하게 무죄를 인정하면서 동시에 유죄판결을 정의롭다고 방어할 수 있는 자는 없는 법이다.[67]

그밖에도 사람들은 예컨대 정의로운 판결은 바로 오심이나 그 밖의 흠 있는 결정의 결과일 수 있다고 이의를 제기할 수 있다. 즉 법관이 적용하고자 했던 실정법률이 정의롭지 않거나 그에 따라 오류 없이 판결이 선고될 정의로운 법률이 존재하지 않는 경우가 그러하다는 것이다. 그러나 이러한 이의는 이미 정의로운 그리고 정의롭지 않은 법률들을 생각할 수 있다는 것을 전제하고 있다. 그러한 이의가 궁극적으로 이야기하는 바는 정의의 판단기준은 절차적 문제에서만 탐색될 수 없고 실질적 판단기준이 존재해야 한다는 것이다.

끝으로 다른 민족들과 다른 시대들은 법과 정의에 대한 전적으로 다른 생각들을 가졌고, 그들은 우리들에게 의문의 여지가 없는 규칙들을 토론한 적이 결코 없으며 그러한 규칙들은 예나 지금임나 그들에게는 곧바로 낯설다는 이의가 제기된다. 예컨대 그리스인들이 δ ι χ α ι ο ο ύν η 으로써 그리고 인도인들이 Satya로써 생각하는 것

---

67) 이에 대해서는 A. Brecht, Politische Theorie, S. 492f.

은 우리가 오늘날 정의로써 생각하는 것과는 철저하게 다르다는 것이다. 이 항변은 매우 중요하고 또한 정당하다. 그러나 이 항변은 숙고가 무익하다고 말하고 있지는 않으며, 숙고가 한계를 가진다는 것만을 지시하고 있다.

외국어의 단어들이 "정의"와는 다른 것을 생각하고 있는 한 그 단어들을 "정의"로 번역하는 것은 적절하지 않다. 그런 까닭에 사람들은 독일어 단어 "정의"로써 표현되는 것이 판단기준을 탐색하려고 하는가 또는 우리가 독일어 "정의"라고 부르는 것과 관련하여 모든 민족과 시대의 인간들이 의견을 같이하는 것의 판단기준을 탐색하려고 하는가라는 원칙적인 방법론적 의문이 제기된다. 이하의 절들에서는 이러한 의문이 상론되어야 할 것이다.

제11절   방법의 경계설정, 특히 브레히트에 대하여

정의를 언급하는 고전적인 방법은 사람들이 우선 "정의의 본질"을 예컨대 "정의는 … 이념이다, … 원리이다, … 요구이다, … 규범이다, … (정신적, 도덕적인) 태도이다" 또는 유사한 것으로 시작하는 정의(定義)로 표현하기를 시도하는 데 있다. 그리고 나서 사람들은 정의로써 정식(定式)으로 이야기하고자 했던 바를 설명하고 예를 들고 일목요연하게 상술한다.

이러한 방법은 심오하고 중요한 인식을 가져오며 종종 그래왔다. 그러나 이러한 방법은 정의의 경험적 판단기준을 발견하려는 목적을 위해서는 적절하지 않다. 왜냐하면 판단기준들은 상대주의자들의 요구를 의당 충족시켜야 하기 때문이다. 판단기준들은 첫째, 같은 언어를 사용하는 모든 이들에 의하여 같은 정도로, 즉 각자의 임의적 세계관과 무관하게 참으로 간주되어야 하고, 둘째, 개별적인 경우에 무엇이 정의로운가에 대한 결정을 가능하게 하여야 한다.

철학적으로 정의를 내리려는 대부분의 시도들은 이미 첫 번째 조건에서 실패한다. 매우 많은 견해들이 생각될 수 있다. 그리고 어떤 정의가 어떠한 반대도 받지 않으려면 정의는 이미 매우 일반적이고 막연해야 한다는 생각이 실제로 만연되어 있다. 이와 같은 경우에 정의는 두 번째 조건을 충족시키지 않을 것이고 상대주의자들에게 정의는 공허한 내용을 가진 것으로 남아 있게 될 것이다. 이를 상대주의자들은 매우 종종 그리고 매우 효과적으로 입증하였다.[68] 이곳에서 그것을 더 상술할 필요는 없을 것이다.

사람들이 이제까지 상대주의자들의 요구를 받아들여 일반적으로 인정되는 정의의 판단기준들을 추적해온 곳에서 사람들은 경험적으로 다음과 같은 방법으로 대응하였다. 즉 사람들은 제 민족과 제 시대의 법질서를 연구하거나 모든 국가와 시대의 인간들이 "정의의 의미"의 공통의 구성요소를 연구하였다.

실정**법질서**들을 조사한다고 해서 제기된 문제를 해결할 수는 없다. 왜냐하면 첫째로, 어떤 규범이 모든 실정법질서에 공통됨에도 불구하고 법률을 심사하는 이성에 의하여 정의롭지 않은 것으로 판단되는 것이 가능하기 때문이다. 그러므로 사람들은 그 규범이 일반적 효력을 가진다는 것을 참조하라고 지시하는 식으로 그 규범이 정의의 판단기준들을 충족하는가 여부의 문제와 그 판단기준들이 어디에 있는

---

68) 특히 이미 인용된 켈젠의 저서 Was ist Gerechtigkeit? 참조.

가라는 문제를 아직까지 조사한 바가 없다. 둘째로, 이러한 방법은 또한 일반적으로 효력을 가지는 규범들이 – 그 규범들이 실제로 정의의 판단기준들을 의미한다 하더라도 – 모든 판단기준들을 남김없이 포괄한다는 것을 결코 보증하지 않는다.

특히 브레히트 *A. Brecht*는 "모든 인간들의 내부에서 보편적으로 그리고 불변의 상태로 발견되는 인간들의 **정의감**(정의의식) 내에 있는 구성요소들"[69]을 연구함으로써 두 번째 길을 가고 있다. 바로 간주관적이고 전달 가능한 것이 문제되기 때문에 이 방법은 일견해서는 매혹적인 것으로 생각된다. 그러나 이곳에서는 다음과 같은 문제가 생겨난다.

간주관적이고 전달 가능한 것은 오직 표현된 명제뿐이다. 명제는 하나의 언어로만 표현되며, 그러한 언어는 다수가 존재한다. 그러므로 모든 언어에서 정확하게 독일어에서 "정의"란 단어가 가지고 있는 의미를 가지는 단어가 존재하는 한에서만 보편적인 정의의 의미에 대하여 이야기할 수 있다. 우선 이와 같은 것이 조사되어야 할 것이다.

사전을 한 번 보면 예컨대 항상 적확하게 일본어 "sei gi"를 "정의"로도, 거꾸로 "정의"를 "sei gi"로도 번역하고 있지는 않으며 특정한 경우들에서 부분적인 범위만이 다른 단어에 의한 한 단어의 번역을 허용한다는 것을 우리는 알게 된다. 일본어 "sei gi"와 인도어 "satya" 사이에는 더 커다란 차이가 있다. 비록 그리스적 정신세계가 정의에 관한 유럽적 관념과 그와 함께 또한 우리의 관념을 결정적으로 형성하는 데 기여했다 하더라도 $\delta\iota\chi\alpha\iota\sigma\sigma\acute{\upsilon}\eta$ 의 의미 자체는 "정의"의 의미와는 근본적으로 구별된다. 그러므로 번역은 본문의 내용을 변화시킨다. 더군다나 우리가 우리의 문법과는 근본적으로

---

69) Politische Theorie, S. 476.

상이한 아프리카 언어의 질서구조에 관한 언어학으로부터 지식을 넓힌다면 모든 인간의 정의감에 관한 간주관적 의사소통의 가능성을 매우 의심할 수밖에 없다.

사고는 언어와는 무관하게 생겨난 후에 언어로 형태가 변화되는가 또는 사고는 언어적 표현에서 생겨나는 것은 아닌가, 달리 표현하면 언어로부터 독립한 개념이 존재하는가라는 많이 토론된 복잡한 문제에 대하여 이곳에서 몰두할 필요는 없다. 왜냐하면 인간에게 독일어 단어 "정의"와 일치하는 그러나 모든 단어로부터 독립한 개념이 알려지고 그 개념이 모든 인간들에게 공통적이고, 즉 "모든 인간에게 하나의 정의감"이 존재한다고 하더라도 바로 언어에 의하여 간주관적 전달이 가능하기 때문에 그러한 정의감에 대하여 우리가 확실한 것을 알기는 어렵다. 우리는 그리스인들이, 일본인들이, 인도인들이 생각할 수 있는 정의감에 대하여 아무것도 알지 못한다. 우리가 알고 있는 것은 기껏해야 그들의 $\delta\iota\chi\alpha\iota o\sigma\acute{\upsilon}\eta$-의미, 그들의 sei-gi-의미, 그들의 satya-의미일 뿐이다. 그리고 그것들은 비슷한 것일 뿐 동일한 것은 아니다.

물론 우리가 인도어를 할 수 있거나 인도인이 독일어에 정통하거나 우리가 상호간에 영어로 이야기한다면 우리는 인도인과 의사소통을 할 수 있다. 그리고 우리는 "satya"나 "Gerechtigkeit"이나 "justice"에 관하여 이야기한다. 그 인도인이 독일어를 사용한다면 그 인도인은 아마도 "satya"와 합치하는 많은 것이 "Gerechtigkeit"과는 모순된다는 것을 발견할 것이다. 다른 경우에 그 인도인은 그것이 Gerechtigkeit과 모순되며 사람들이 인도에서 "satya"라고 부르는 것과도 모순된다고 이야기할 것이다. 그러므로 다음과 같은 질문이 제기된다. 우리는 정의의 판단기준에 대한 탐색을 모든 다른 언어들의 의미가 유사한 단어들의 의미영역과 일치하는 정의라는 단어의 의미영역에 제한하여야 하는가?

또는 우리는 그러한 탐색을 독일어 단어 "Gerechtigkeit"의 전체 의미 영역에 확장시켜야 하는가?

두 가지가 모두 주장될 수 있고 의미를 가진다. 브레히트는 첫 번째 길을 택하였다. 그가 제시한 다섯 개의 정의의 "절대적 명제"는 전적으로 지당하다. 사람들은 반대의 예가 발견될 때까지 그 명제들이 보편적이고 변함없이 유효하다고 가정해도 된다. 또한 그 명제들의, 특히 제1명제와 제4명제의 영향은 지대하다. 그럼에도 불구하고 그 명제들은 아마도 사람들이 "정의"의 전체 의미영역을 철저하게 사용하는 경우 발견하는 판단기준들의 작은 부분을 형성할 뿐이다.

사람들이 첫 번째 길을 택하느냐 두 번째 길을 택하느냐는 결국 관심의 문제이다. 두 번째 길을 가려고 시도하는 관심은 단지 브레히트와 다른 사람들이 첫 번째 길을 이미 성공적으로 갔기 때문만은 아니다. 그러한 관심은 또한 상대주의문제와 정의의 판단기준의 문제가 가지는 정치적 의미 때문이기도 하다. 그 의미는 일차적으로는 국내정치적인 것이며, 앞의 제2절, 제5절-제7절 그리고 제9절에서 보여주려고 했던 것처럼 바로 독일어 단어 "Gerechtigkeit"으로 생각되고 있는 것에 관하여 과연 그리고 어느 정도까지 합의가 가능한가가 문제된다.

그와 동시에 브레히트의 연구가 가지는 공적과 의미가 결코 잘못 판단되어서는 안 될 것이다. 아마도 20세기의 가장 중요하고 가장 중대한 결과를 가져오는 사실은 세계공동체로의 발전이 시작되었다는 점, 즉 하나의 "인류"가 성립하였다는 점이며, 이러한 관점에서 브레히트의 문제제기는 이곳에서 시도된 것보다 훨씬 본질적인 의미를 가진다 할 것이다.

물론 이러한 맥락에서도 우리의 문제제기는 전혀 무의미한 것이 아니다. 이러한 세계의 발전은 무엇보다도 중국, 일본, 그 밖의 아시

아와 아프리카의 나라들이 유럽화하는 징후를 보이고 있으므로 논의를 통해서 정의의 판단기준들이 해명되어야 할 다음과 같은 문제들이 관심의 초점이 된다. 예컨대 우리의 질서와는 전혀 다른 역사적 원천에서 기원하는 질서들이 정의에 대한 우리의 생각들을 충족하도록 개조되는 것이 바람직하고 추구할 만한 가치가 있는가? 과연 그리고 어느 정도로 정의에 대한 우리의 생각들은 다른 민족들에게 이질적인가? 과연 그리고 어느 정도로 우리는 정의에 대한 우리의 생각들을 그들에게 납득시킬 수 있는가? 그들이 정의에 대한 우리의 생각들을 이해한다면 그들은 정의에 대한 우리의 생각들에 어떤 윤리적 서열을 부여할 것인가? 등등. 결국 브레히트의 문제제기뿐만 아니라 이곳에서 시도되는 문제제기도 관심의 대상이 된다 하겠다.[70]

제12절 언어분석의 방법

문제제기는 방법을 결정한다. 정의의 판단기준, 즉 어떤 질문들이 정의를 둘러싼 토론의 기초를 이룰 수 있는가, 따라서 토론참가자들이 어디에서 의견이 일치하는가라는 문제가 중요하다. 질문이 중요하며 그와 동시에 질문에서 문제될 수 있는 것을 찾아내는 것이 목표라는 것에 대하여 토론참가자들은 논쟁을 벌이기도 하지만 의견의 일

---

70) 물론 세계법의 문제와 관련해서는 아마도 "정의(justice)"에 대한 영어로 된 연구가 독일어로 된 연구보다 더 관심을 끈다. 그러나 어쨌든 "Gerechtigkeit"와 "justice" 사이의 차이는 공통의 문화사 때문에 아마도 "Gerechtigkeit", "satya", "sei gi"사의의 차이처럼 그렇게 크지는 않을 것이다.

치를 보이기도 한다. 이러한 질문들은 정의란 단어의 의미를 통하여 결정된다. 한 사람이 "x는 정의롭다"고 하고 다른 사람이 그에 대하여 이의를 제기하면 두 사람은 특정의 사태에 대하여 논쟁을 벌이는 것이다. 그들은 정의가 이러한 사태의 존재나 부재 즉 x에 의존한다는 것에 대하여 의견이 일치하고 있다. 따라서 그들은 "정의"란 단어의 의미내용에 대하여는 의견이 일치하고 있는 것이다.

가능한 모든 토론참가자들이 어떤 점에서 의견이 일치하고 있는가라는 것이 질문되고 있기 때문에 일반적인 언어사용이 문제되고 있는 것이지 특별한 철학적 정의에 의하여 명시적으로 채택된 단어사용이 문제되고 있는 것은 아니다.

그러므로 첫 번째 질문은 다음과 같다. 정의 일반의 개념은 어떻게 이해되는가? 그 개념은 어떤 맥락에서, 어떤 의미에서 사용되고 있으며 무엇을 말하는가? 사람들이 이러한 방법으로 경험적으로 대처한다면 사람들은 우리의 언어에서 살아 있는 것과 같은 그 개념의 구성요소들을 획득하게 된다. 이로써 사람들은 같은 언어를 사용하는 모든 사람들이 공통적으로 그 개념으로써 생각하고 있는 바를 밝힐 가능성을 취득하였다. 개별적인 방법들은 연구가 진행됨에 따라 단계적으로 설명될 것이다. 이곳에서 중요한 것은 다만 사람들이 일반적인 언어사용에서부터 출발하는 것 이외의 다른 방법으로는 과제를 적절하게 해결할 수 없다는 것을 강조하는 것뿐이다.

플라톤의 대화편에서 소크라테스 *Sokrates*는 하나의 개념을 확정하는 것이 유효하다면 소피스트들은 언어사용에서 출발할 수도 있을 것이나 그 결과는 단어시용의 범례를 넘을 수는 없을 것이리고 소피스트들을 질책하곤 한다. 소피스트들은 그렇게 하는 대신 "물 자체 (Sache selbst)"를, 개념을, 그뿐만 아니라 단어의 이해에 선행하고 단어의 이해에 기초가 되는 "이념"을 파악하여야 할 것 – 이는 그 이

후 서구의 철학을 지배하고 있는 사고방식이다[71] - 이라고 한다. 제
기된 과제는 정확하게 역으로 대응할 것을, 소피스트들도 또한 어린
아이가 언어를 학습함에 있어 무의식적으로 통과하는 과정을 의식적
으로 실감 있게 체험할 것을 요구한다. 그리고 어린 아이는 어떤 단
어를 항상 새로운 맥락에서 만나며 어린 아이는 서서히 그 단어의
전체 의미내용을 파악하기 시작한다. "이념"은 이상적으로만 단어의
이해에 선행하며 실제로 - 또한 시간적으로도 - 사람들은 현존하는
단어사용을 첨가하고 비교함으로써 개념을 파악하는 데 이르게 된다.
그러므로 제기되는 질문은 "정의란 무엇인가?"가 아니라 "정의는
언제 존재하는가?, 어떤 상황에서 사람들은 정의와 불의, 법과 불법에
대하여 이야기하는가?"이다. 그러므로 "정의는 … 이념이다, … 원리
이다, … 요구이다, … 규범이다, … (정신적, 도덕적인) 태도이다, …
의지(voluntas)이다" 또는 유사한 것으로 시작하는 모든 정의가 그렇
듯이 정의가 "그 무엇"이라는 것을 전제하는 모든 대답이 적당치 않
은 것일 수도 있다. 기껏해야 사람들은 솔직 단순하게 정의는 "…한
…의 속성"[72]이라고 말할 수 있을 뿐이다.

또한 사람들은 통상적인 철학적 정의에 의하여 영향을 받아서도
안 된다. 그렇지 않으면 사람들은 부지중에 일련의 선입견을 수용하
여 본래의 단어가 의미하는 바에 이르는 길을 차단하게 된다. 하나
또는 다른 정의가 사물의 핵심을 바로 말하고 있는지 여부는 연구의
말미에 비로소 관심사가 될 수 있다.

---

71) 이에 대하여는 Hermann Lübbe, "Sprachspiele" und "Geschichten" - Neopositivismus
und Phänomenologie im Spätstadium, in: Kant-Studien 52(1960/61), S. 220ff.을 보라.

72) 예컨대 Brodmann: Zur Lehre von der Rechtsquelle, S. 262; Kelsen: Was is
Gerechtigkeit? S. 2; Hans J. Wolff: Über die Gerechtigkeit als principium juris, S.
104가 그러하다.

철학의 개념들을 그 일상적인 사용에 환원시키는 방법은 빈 *Wien* 학파의 실증주의적 형이상학비판에서 성립하였으나 또한 이 학파 - 그것이 비판적인 기능을 가졌음에도 불구하고 여전히 형이상학적 문제제기와 사고방식에서 탈피하지 못했던 - 를 극복하려는 경향을 가졌다. 이러한 방법을 발의한 자 중 대가는 - 특히 그의 "철학연구"(Philosophische Untersuchungen)가 그러하다 - 후기 비트겐슈타인 *Ludwig Wittgenstein*이었다. 비트겐슈타인에 따르면 단어의 의미는 그 사용에 있다.[73] "철학은 어떤 방법으로도 언어의 실제 사용을 훼손해서는 안 된다. 그러므로 철학은 결국 언어의 실제 사용을 서술할 수 있을 뿐이다."[74] "철학자들이 단어를 사용하여 - 지식, 존재, 대상, 자아(自我), 명제, 명칭(사람들은 "정의"를 추가해도 될 것이다) - 사물의 본질을 파악하려고 노력한다면 사람들은 항상 다음과 같이 자문하여야 한다. 도대체 이 단어는 그것이 성립한 언어에서 실제로 그렇게 사용되는가? - 우리는 단어들을 그 형이상학적 사용에서부터 다시 그 일상적 사용에 환원한다."[75]

이 방법이 가지는 매우 본질적인 이점은 단어의 전체 의미가 파악될 수 있다는 데 있다. 그러나 비트겐슈타인이 지칠줄 모르고 논술하였듯이[76] 이와 같은 것이 매우 많은 경우에 정의를 내리는 방법에서 가능하지는 않다. 단어의 의미를 제한하고 그 다양성을 희생시키지

---

73) Philosophische Untersuchungen I, Nr. 197.

74) I, 124.

75) I, 116. 이 주제에 대하여는 또한 I. 69, 70, 191, 192, 383, 384도 보라.
오늘날 이 방법은 특히 아이어 *Alfred J. Ayer*에 의하여 대표되고 있다. 그의 주요 저술은 Language, Truth and Logics이다. 그밖에도 이 방법을 윤리와 법의 문제에 적용하고 있는 저자들은 R. M. Hare: The language of Morals; Everett W. Hall: What is Value?; C. L. Stevenson: Ethics and Language이다. 더 언급되어야 할 것으로는 Science, Language and Human Rights, hrsg. v. A. J. Meldon이다.

76) 예컨대 Philosophische Untersuchungen I, 66ff. 이에 대하여는 H. Lübbe, a. a. O.

않으면 또한 정의(正義)의 정의(定義)도 가능하지 않다는 것과 왜 그러한가가 즉시 증명되어야 한다. 그밖에도 의미를 차단하는 정의(定義)의 문제는 또한 그렇지 않으면 자주 주의를 끌고 특히 법적 방법론에서 커다란 역할을 수행하게 된다.[77] 그와 동시에 획득된 인식은 아직까지 여전히 정의의 문제에 철저하게 적용되지는 않았다.

이러한 방법을 적용함에 있어 고려하여야 할 점은 언어사용은 역사가 있으며 많은 역사적 경험과 철학적 이론이 언어사용에 커다란 영향력을 행사하였다는 것이다. 물론 이곳은 단어사용의 역사적 전개를 추적할 장소는 아니다. 그러나 주제와 관련하여 경험이 의견의 일치를 강요하지 않았음에도 불구하고 언어사용이 부분적으로는 논쟁의 여지가 없는 것으로 되었다는 관찰은 흥미를 끈다. 오히려 문제되었던 것은 가치문제와 규범문제였다. 또한 이러한 문제들에서도 실제로 토론과 진보가 있었다. 그러므로 토론과 진보는 가능한 것이어야 한다. 그러나 이러한 문제영역은 그것 자체가 하나의 주제가 되며 또한 그에 대한 검토의 단초적 시도가 이 논문의 범위를 넘어서는 많은 새롭고 어려운 문제들을 제기한다. 이곳에서는 단지 과연 그리고 어느 정도의 범위에서 실제로 경험을 토대로 토론과 진보가 가능한지만이 문제될 수 있다.

---

77) 만일 Larenz, Methodenlehre der Rechtswissenschaft, S. 322ff.가 헤겔 *Hegel*과 관련하여 "구체적-일반적 개념"을 유효한 것으로 만들고자 한다면 논거를 둘러싸고 있는 형성계만이 다른 어투일 뿐 사실상 비트겐슈타인과 전적으로 유사한 논거에 의존하고 있는 것이다. 라렌츠 *Larenz*가 헤겔과 함께 "개념동기의 전개", 개념의 "의미전체"와 "본질내용", "의미핵심으로부터 개념의 전개"에 대하여 언급하는 곳에서 비트겐슈타인은 "단어와 그 사용"을 언급하고 있다. 라렌츠에 대한 비트겐슈타인의 관계는 여기 특정한 관계에서 현실주의자에 대한 유명론자들의 관계와 흡사하다. 공통된 관심사는 - 그밖에 존재하는 모든 상이성에도 불구하고 - 주목할 만하다.

제 2 부

정의로운 – 정의롭지 않은

제1장

의미분석

제13절 "정의"의 다양한 의미

"정의"와 같은 단어의 사용을 관찰하고자 하면 또한 명사 "정의"에 의미 있게 부속된 형용사와 부사를 포함시켜야 한다. 그와 동시에 사람들은 즉시 본질적인 확인을 한다. "정의"는 예컨대 "정의로운"(gerecht)에만 상응하는 것이 아니라 또한 "정당한"(recht), "형평에 맞는"(billig), "정당하게"(rechtens) 등과도 상응한다. "A는 부당하다" 또는 "x는 형평에 맞지 않다"라는 문장 대신 사람들은 또한 "A(또는 x)는 정의를 해친다"고도 말할 수 있다. 개관해보자.

"x는 정의를 충족한다"라는 문장은 다음의 문장들로 대신할 수 있다.

1. x는 정의롭다(gerecht).
2. x는 정당하다(recht).
3. x는 형평에 맞는다(billig).
4. x는 정당하다(rechtgemäß, rechtmäßig, rechtens).

5. x는 옳다(Recht).

6. A에게 x가 일어난 것은 정의롭다(x geschieht A gerecht).

7. x는 A에게 정의롭다(x wird A gerecht).

8. A는 옳다(A hat Recht).

9. A는 올바르게 행동한다(A tut recht).

이러한 표현들을 대략 관찰하는 것만으로도 그 표현들이 모두 같은 뜻을 가지지도 않으며 바꿀 수도 없다는 것이 분명해진다. 사람들은 예컨대 사람의 생명을 구한 자에 대해서 이야기하면서 아마도 "그는 올바른 행동을 하였다"(er hat recht getan)라고 말하지 "그는 정의롭게 행동하였다"(er hat gerecht gehandelt)라고 말하지는 않을 것이다. 과실로 사고를 낸 사람은 정당하지 않은 것이지 정의롭지 않게 행동한 것은 아니다. 예컨대 도둑에게도 동일한 이야기를 할 수 있다.

심지어는 동일한 x에 대하여 어떤 술어가 주장되고 다른 술어는 부정되는 경우가 있다. 예컨대 제3제국에서 일어났듯이 어떤 법관이 무고한 이를 강제수용소에 보내지 않기 위하여 그에게 징역형을 선고했다면 그 판결은 실정법을 위반한 것이고 또한 엄밀하게는 정의롭지 않은 것임에도 불구하고 사람들은 그 법관이 정당하게 행동한 것이라고 말할 수 있다. 정의로운 것과 정당한 것이 충돌하는 데 대한 다른 전형적 예는 소송법상의 진술거부권에 대한 규정들에서 구체화되어 있다. **정의로운** 판결은 가능하면 정확하게 사건을 규명할 것을 요구한다. 그럼에도 불구하고 사건을 규명하는 데 적합한 수단을 채택하는 것을 거부하는 것이 **옳을** 수 있고, 그것도 "실정법"의 의미에서 옳을 뿐만 아니라 또한 "옳지 않다"는 것에 대한 반대개념의 의미에서 옳을 수 있다. 예를 더 들어보자. 법관의 판결은 확정력을 가진다는 것은 정의와 일치한다. 그리고 법관의 판결은 확정력을 가진다는 것은 판결 자체가 정의롭지 않은 경우에도 정의와 일치한다. 그러므로 사람들은 다음과 같이 말할 수 있다. 정의롭지 않은 판결이 확정력을 가지게 된다는 것은 정당하다. 마찬가지로 정의로운 형사소추권의 소멸시효는 정당할 수 있다. 비슷하게 사람들은 다음과 같이 말할 수 있다. x는 정당하나 "형평에 맞지는 않는다." 또는 "x는 정당하나 그 어떤 사람에게나 그 어떤 사건에 대해서는 정의롭지 않게 된다."

이 결과 "x는 정의를 충족한다."는 표현이 가지는 통일된 의미를 진술하는 것이 결코 가능하지 않다는 것이 증명된다. 정의(定義)가 정확성을 기하려고 노력하면 정의는 너무 협소해지고 그 표현이 또한 가질 수 있는 의미를 항상 배제하게 된다. 그러나 정의가 모든 가능한 의미를 포괄할 수 있도록 충분히 포괄적이라면 정의는 막연하여 무의미해진다. 그러므로 사정에 따라서는 상호 모순되는 다양한 의미들을 정의가 포괄하는 것이 불가피할 수밖에 없다. 이미 이러한 어려움 때문에 정확성을 기하려는 많은 철학적 노력들은 실패하였다. 그러므로 사람들은 "x는 정의롭다", "x는 정당하다" 등과 같은 표현들의 의미를 하나하나 분석하여야 한다.

이제 개별적 표현들에 대하여 명확하고 고정되고 확실한 의미를 말할 수 없다. 의미는 흔들리고 있고 또한 역사가 발전하는 과정에서 변화되어 왔다. 예컨대 "정의로운"이란 단어의 의미는 축소되었다. 그림 *Grimm*의 독일어사전은 그 단어가 수백년 전에 가졌던 그러나 그 동안에 잃어버린 풍부하고 다양한 의미들을 소개하고 있다. 그러한 의미들 중에 그 단어가 오늘날 가지는 의미도 이미 있었다. 법철학과 관련해서는 그 단어가 오늘날 가지는 의미만이 관심의 대상이다. 그러나 그 단어가 오늘날 가지는 의미도 정확한 것은 아니다. 사람들은 분석을 의미함에 있어 그러한 사실을 의식하고 있어야 한다. 목표는 모든 가능한 의미내용을 가능한 한 정확하게 파악하는 것이어야 한다.

제14절 　"정의롭다(정의롭지 않다)"는 빈사의 주사

　사람들이 예컨대 "…은 정의롭다"는 표현들 중 하나의 의미를 탐지하려고 하면 우선 다음과 같은 질문이 제기된다. 그 표현은 어떤 맥락에서 의미 있게 사용될 수 있는가? 동일한 사례들에서는 물론 부정 - "정의롭지 않다" - 도 의미를 가진다. 그 질문이 대답되었다면 사람들은 더 밀고 들어가 다음과 같이 질문할 수 있다. 왜 그 표현은 바로 이러한 맥락에서 그리고 이러한 맥락에서만 의미가 있고 다른 맥락에서는 의미가 없는가? 공통적인 것으로 판명되는 것은 그 표현의 본질적인 것이 분명함에 반하여 그 밖의 모든 것은 중요치 않다는 것이다. 이러한 방법으로 표현의 의미구조가 밝혀진다.

　"x는 정의롭다(또는 정의롭지 않다)"라는 명제에서 x는 일련의 다양한 대상을 대표할 수 있다. 그러한 대상들을 열거해보자.

　해직, 예우박탈(예우보장), 승인, 법규명령, 명령, 방조, 보상금, 손해배상, 결정, 요구, 법률, 행위, 제도, 전쟁, 비판, 칭찬, 보수, 인간(예컨대 교육자, 입법자, 비판자, 법관, 아버지와 같은 상이한 지위의), 규범, (사회, 법, 경제)질서, 가격, 손해, 국가, 형벌, 비난, 살인, 판단, 복수, (인간의) 행위, 법령, 전금, 불신임(신임), 거부, 이자. 이러한 열거는 완전한 것이 아니며, 완전해질 때까지 보완될 수 있다. 그러므로 그 경우에 그 빈사가 "정의롭다" 또는 "정의롭지 않다"라고 되어 있으나 그 주사가 완전한 목록에 포함되어 있지 않은 명제는 무의미하다. 그럼에도 불구하고 그 빈사가 "정의롭다(또는 정의롭지 않다)"라고 되어 있고 그 주사가 완전한 목록에 포함되어 있는 모든 명제가 역으로 **필연적으로** 의미 있는 것은 결코 아니며, 예컨대 명제의 주사가 "행위"이고 그것이 산책을 뜻한다면 무의미하다. 산책자가 금지된 길을 사용하거나 산책 때문에 의무를 해태할 수도 있으나 산책 자체는 정의롭거나 정의롭지 않은 것일 수 없다. 명제의 주사가 "인간"이고 그것이 어린 아이를 뜻하거나 명제의 주사가 "손해"이고 그것이 번개로 인한 "손해"를 뜻하는 경우에도 사정은 마찬가지이다.

여하튼 한편으로는 왜 바로 이 개념들은 목록에 포함되어 있고 다른 개념들은 목록에 포함되어 있지 않은가를 이해하는 것이, 다른 한편으로는 그 개념들이 어떤 상황에서 어떤 제약 하에 목록에 속하는가를 이해하는 것이 중요하다.

제15절 인간적 받기(Nehmen), 요구하기(Fordern), 거절하기(Verweigern)

다음을 분명히 확인할 수 있다.

첫째, 목록에 포함된 단어들은 인간, 인간의 행위 또는 인간이 만들어낸 대상들(과 또한 신과 생각 속에서만 존재하는 신화세계와 동화세계의 실체들과 그들에 의하여 만들어진 대상들. 그러나 이와 관련해서 이러한 대상들이 관찰되는 한 이러한 대상들은 인간과 유사한 특징을 가진 것으로 생각된다)을 나타낸다.

반드시 인간에 의하여 만들어져야 하는 것은 아닌 목록의 대상들 - 예컨대 손해와 같은 - 은 그것들이 인간에 만들어지는 한에서만 목록의 대상에 속한다.

둘째, 목록에 속하는 대상들은 그것들이 인간에게서 그 무잇을 빌거나 요구하거나 **거절한다**는 점이 그 특징이다. (예컨대 법관의 결정이라는 의미에서가 아니라 언표란 의미에서) "판단"(Urteil)만이 유일한 예외이다.

주기(Geben)에 대해서는 그것이 받기, 요구하기, 거절하기의 부작위인 경우에만, 즉 받기, 요구하기, 거절하기가 정의롭지 않은 경우에만 주기가 정의롭다고 말할 수 있다. 이러한 관련은 몇 번 진술되었다. 쇼펜하우어 *Schopenhauer*가 적극적으로 주어진 것은 법이 아니라 불법이며 법은 불법의 부재라고 말할 때,[1] 셸러 *Max Scheller*가 법질서는 결코 무엇이 정당한가를 말하지 않고 항상 무엇이 부당하지 않은가 만을 말한다고 말할 때,[2] 그리고 볼프 *Hans J. Wolff*가 사랑의 원칙은 적극적인 작위를 희구하는 반면, 법원칙은 부작위, 포기를 요구한다는 의미에서 사랑의 원칙과 법원칙을 구별할 때[3]가 그러한 경우에 속한다.

그러므로 사람들은 주어진 것에 대하여 언제나 그것이 정의롭지 **않다**고 말할 수 없다. 그것이 가능한 두 가지 예외가 있다.

주어진 것이 다른 사람에게 받아들여졌거나 거절되었고 그것이 정의롭지 않은 것으로 의당 표현되어야 하는 상황인 경우가 그렇다. 그리고 이러한 불의는 주기에서 나타난다. 예컨대 애제자에 대한 선생의 총애는 그것이 예컨대 그 애제자의 평균성적을 높여줌으로써 다른 학생들에게 불이익을 주는 한에서만 정의롭지 않다. 누구에게도 불이익을 주지 않는 것 - 예컨대 애제자를 선생이 초대하는 것 - 은 정의롭지 않은 것일 수 없다.

또는 주기에는 동시에 더 많은 것의 거절하기가 포함되어 있다. 그리고 이러한 거절하기는 주기가 정의롭지 않다고 불리어지는 경우

---

1) Welt als Wille und Vorstellung, Bd. I, § 62.

2) Formalismus, S. 223, Fußn. 1.

3) H. J. Wolff: Über die Gerechtigkeit als principium iuris, S. 112f.

를 뜻한다. 예컨대 손해배상은 그것이 너무 적은 액수이거나 발생한 손해를 보상할 수 없는 경우 정의롭지 않다. 보수는 그것이 너무 적거나 너무 많은 경우에 정의롭지 않다.

아마도 또한 이러한 의미에서 포도원 일꾼들에 대한 예수의 비유가 이해될 수 있을 것이다.[4] 한 시간만을 일한 일꾼들이 하루 종일을 일한 일꾼들과 똑같은 액수의 품삯을 받았다. 그들은 **선물을 받은 것**이지 다른 일꾼들에게 **불이익을 가한** 것은 아니다. 이것을 정의롭지 않다고 하는 것은 단어의 남용이다. "친구여, 나는 너에게 부당한 일을 하지 않는다 …, 내가 자비를 베풀기 때문에 너의 눈은 시기하는 가?"[5] 똑같은 이유에서 은사(恩赦)는 결코 정의롭지 않은 것일 수 없다.

같은 이야기를 **분배하기**(Verteilen)에도 할 수 있다. 또한 이곳에서도 누군가가 불이익을 받고 있는 한에서만 정의롭다 또는 정의롭지 않다를 말할 수 있다. 분배하기는 - 부담(예컨대 조세)이 분배되는 한 - 요구하거나 받기의 특별한 경우이거나 - 재화(예컨대 구입카드)가 분배되는 한 - 주기와 거절하기의 특별한 경우이다. 사람들은 분배하기에서도 사람들이 항상 받거나 요구하거나 거절하는 경우에만 정의롭거나 정의롭지 않을 수 있지 사람들이 주거나 받기를 거절하거나 요구하기를 거부하는 한에서는 그렇지 않다.

받거나 거절되는 것으로 문제될 수 있는 것은 매우 다양한 재화들, 즉 금전, 권력, 자유, 생명, 사랑, 존경심, 인정 등이다. 다양한 가능성들은 다양한 목록을 정당화한다. 그러므로 받거나 거절하기는 예컨대 물질적인 빅탈에도 존재할 수 있지만, 또한 법관의 판결이나 법률에 의하여 무엇인가를 주거나 받지 않을 의무가 확정되거나 정당화되는

---

4) Matth. 20, 1-16.
5) Matth. 20, 13-15.

경우에도 존재할 수 있고 그밖에도 단지 사람들이 - 예컨대 비판에서 - 특정의 관점에서 존경을 거부하거나 유보하는 경우에도 존재할 수 있다. 재화가 평가하기가 어렵거나 정신적일수록 받거나 거절하는 자와 받거나 거절하는 대상이 되는 자 사이의 친밀성과 직접적인 관계는 그만큼 적어지며 필요하다. 사람들은 예컨대 또한 오래전에 사망한 역사상의 인물들에 대한 존경을 거부하거나 유보할 수 있고 그와 동시에 정의롭거나 정의롭지 않을 수 있다. 그러므로 무엇인가를 받거나 요구하거나 거절할 수 있는 자만이 정의롭거나 정의롭지 않을 수 있다. 따라서 예링 *Jhering*이 다음과 같이 이야기하는 것은 일차적으로 무엇인가 정당한 것을 내용으로 하고 있다고 생각된다. 인간들 사이에 상하질서관계가 성립하여 있는 곳에서만 정의에 대한 물음은 생겨날 수 있다. 그때그때 권력을 가진 자만이 자신의 권력에 복종하는 자에 대하여 정의롭거나 정의롭지 않을 수 있다.6) 그러나 이러한 사고는 사람들이 권력관계는 매우 얽혀 있고 상호적이라는 것을 명심할 때에만 결실을 맺을 수 있을 것이다. 예컨대 복종자는 자기 쪽에서 지배자를 존경하거나 그렇지 않을 권력을 가지고 그러한 한에서 그는 정의롭거나 정의롭지 않을 수 있다. 그러나 또한 그러한 경우에는 권력관계가 원칙적으로 존재하기는 하나 본질상 필연적으로 존재하여야 하는 것은 아니라고 말할 수 있다. 예컨대 지배자가 복종자의 존경에 어떠한 가치도 두지 않는다면 존경하지 않을 가능성에서 복종자가 어떤 권력수단을 가지는 것은 아니다. 그럼에도 불구하고 존경하지 않는 것은 정의롭거나 정의롭지 않을 수 있다.

---

6) Der Zweck im Recht, I. Bd., S. 359, 365.

셋째, 인간적 받기나 거절하기는 목록에 있는 대상들의 본질상 동
일성을 형성하는 것이라는 확인은 더욱 제한될 필요가 있다. 사람들
은 **판단능력을 가진** 인간들에 대해서만 의미 있게 그들이 정의롭거나
정의롭지 않다고 말할 수 있는 것이지, 유아, 정신병자, 만취한 자에
대해서는 그렇게 말할 수 없다. 그리고 그 밖의 대상들은 판단의 기
초가 되는 결정에 의해서 제시된 경우에만 목록에 포함된다. 순수한
반사운동에 의하여 발생된 어떤 물건의 박탈 - 예컨대 어떤 물건의
파괴에 의한 손해 - 은 정의롭지도 정의롭지 않지도 않다. 그러므로
오직 판단, 판단하는 자, 판단에 의하여 생겨나는 것만이 목록에 포함
된다.7)

판단은 - 사람들이 그것에 대하여 그것 자체가 이미 받는다, 요구
한다, 또는 거절한다고 말할 수 없는 목록의 유일한 대상 - 핵심이자
중심부분이고, 인간과 인간이 만들어낸 대상들 사이에 있으며, 양자를

---

7) 이러한 관련은 또한 흥미롭게 역사의 사회질서 평가에서도 나타난다. 사회질서
가 어떻게 발전하는가에 대하여는 두 가지 견해가 유포되어 있다. 한 견해에
따르면 사회질서는 판단에 의하여 생겨나는 인간의 결정들에 의하여 형성되며,
다른 견해에 따르면 사회질서는 비합리적 세력들의 예견할 수 없는 작용에 의
하여 "생성된다"(geworden). 첫 번째 견해를 좋아하는 자만이 전래된 질서를 정
의롭다고 옹호하거나 정의롭지 않다고 배척한다. 두 번째 견해를 좋아하는 자
는 전래된 질서가 정의로운가라는 진문을 전혀 제기하지 않는다. 그에게 전통
은 - 항상 근거 있는 - 진가(眞價)가 있다. 진정한 보수주의자는 두 번째 견해
를 좋아한다. 그는 질서가 정의로운가에 대하여 토론하지 않는다. 자신의 "보수
주의"를 전래된 질서가 정의롭다고 함으로써 정당화하는 자는 보수주의란 단어
의 고전적 의미에서 엄밀하게 말해서 보수주의자가 아니다.

연결하는 요점이다.[8] 이와 관련해서 어떤 인간에게 그 무엇이 받아들여지거나 요구되거나 거절되는 것을 근거 짓는 데 적합한 그러한 판단만이 화제가 될 수 있다는 것은 저절로 이해된다.

넷째, 이러한 판단은 다양한 결과로 나타날 수 있다. 그 판단은 받거나 요구하거나 거절하는 의욕을 생기게 하고 누군가에게 이익을 주기도 하며 그 어떤 목표의 달성을 촉진하는 것을 내용으로 할 수 있다. 이러한 모든 경우들에서 사람들은 그 판단을 정의롭다고 부르거나 정의롭지 않다고 부를 수 **없다.** 모든 가능한 목적들 가운데서 추구되는 목적이 가치서열이나 긴급한 중요성에서 첫째 자리에 있다 하더라도 마찬가지이다. 예컨대 인질을 총살하는 것은 개별적인 경우에 어떤 급박성이 있다고 정당화될 수 있지만 사람들은 그것을 정의롭거나 정의롭지 않다고 말하지 않는다. (그것이 "부당하다"고 말하는 것은 다른 것이다.) 그것은 정의롭지도 정의롭지 않지도 않다. 그것은 다른 것, 즉 정의 일반에 대한 무시이다. 그리고 그것은 정의의 위선적 외관일 뿐만 아니라 정의에 대한 무관심이기도 하다.

판단이 **가치 있음**을 고려하는 한에서만 사람들은 그것을 정의롭거나 정의롭지 않은 것으로 부를 수 있다.[9] 그 누구나 그 무엇은 그 무

---

8) 그렇기 때문에 비교해보면 브로트만 *Brodmann*이 "정의는 판단의 속성이자 그 결과, 즉 결심, 행위, 태도의 속성이며, 그것도 생각, 행위와 활동, 거동, 제3자의 상호적인 관계에 대한 판단 또는 그러한 것들과 관련된 판단의 속성이다"(Zur Lehre von der Rechtsquelle, S. 352)라고 정의한 것은 운 좋은 출발이었다.

9) 존엄이 중요하다는 생각은 새로운 것이 아니며 오늘날에도 자주 표현된다. 치체로 *Cicero*는 "각자에게 그의; 존엄을"(Suum cuique dignitatem)(De inv. II. 53. 160)이라고 말하고 있다. 최근 라드부르흐는 말기에 정의는 인간을 공적과 존엄에 따라 평가하는 것을 의미한다고 한 번 말하고 있다(Rechtsphilosophie, S. 338). 사우어 *Wilhelm Sauer*의 정의도 다음과 같은 생각에 이르고 있다. "정의는 하나의 공동체에 속하는 인간들을 그들의 가치에 따라 똑같이 판단하고 취급하는 것이다"(Die Gerechtigkeit, S. 4f.). 빌리 *Michel Villey*는 "각자에게 그의 권리를

엇을 받거나, 요구되거나 또는 거절됨으로써 "… 가치가 있는, …어울리는, …할 만한'(…würdig) 또는 "…의 가치 있는"(…wert) 것으로 인정되어야 한다. "… 가치가 있는, …어울리는, …할 만한'(…würdig) 또는 "…의 가치 있는"(…wert)은 동일한 의미를 가지며, 이는 예컨대 preiswert-Preiswüridigkeit처럼 이미 언어적으로 "…의 가치 있는"(…wert)으로 끝나는 형용사에 속하는 명사가 "… 가치가 있는, …어울리는, …할 만한'(…würdig)으로 끝나는 네서 명백해진다.

그럼에도 불구하고 가치 있음에 대한 판단은 예컨대 가치판단이 아니며 가치판단과 혼동되어서도 안 된다. 오히려 가치 있음에 대한 판단은 - 그리고 그 점이 결정적이다 - 포괄적으로 사실적인 판단이며, 이는 아래에서 명백해질 것이다. 그러나 그와 같은 것은 가치 있음에 대하여 추상적으로 명백해지는 것이 아니라 오직 그때그때 예컨대 신뢰할 만함, 형벌을 받을 만함 등에 대하여 명백해진다. 모든 경우에 대하여 단어의 의미에 대한 분석이 시도되어야 한다.

제17절 요약 및 예

사람들이 "x는 정의롭다"거나 "x는 정의롭지 않다"고 이야기하는 경우 가치 있음에 대한 판단을 근거로 항상 인간적 받기, 요구하기,

---

수라"(suum jus cuique tribuens)를 다음과 같이 번역하고 실명한다. "각자의 (징당한) 가치에 따라, 자신들의 공덕에 어울리는 보상과 징벌"(A chacun ce qu'il vaut, son juste prix, la récompense ou le châtiment proportionnés à ses mérites)(Suum jus cuique tribuens, S. 364).

거절하기 또는 분배하기가 있게 된다.

가치 있음에 대한 판단은 문제되는 것이 받기, 요구하기, 거절하기 또는 분배하기냐에 따라 그때그때 다양한 형태를 취한다. 이러한 사실은 몇 가지 예를 보면 아주 명백해진다.

a) 받기: A는 B를 처벌한다. B의 행위가 이러한 정도로 처벌받을 만하다면 형벌은 정의롭다. 마찬가지로 B의 행위가 비난받을만하다면 비난은 정의롭다.

b) 요구하기: A는 B에게 임금을 요구한다. B의 급부가 이러한 정도로 임금을 받을만하다면 임금을 요구하는 것은 정의롭다. 마찬가지로 제공된 물건이 이러한 정도로 가치가 있다면 비용을 요구하는 것은 정의롭다.

c) 거절하기: A는 B에게 임금 지급을 거절한다. 임금지급을 거절하는 것은 B의 급부가 이러한 정도로 임금을 받을만하지 않다면 정의롭다. 마찬가지로 B가 이러한 정도로 존경을 받을만하지 않다면 존경하기를 거절하는 것은 정의롭고, B가 이러한 정도로 신뢰할만하지 않다면 신뢰하지 않는 것은 정의롭다.

d) 분배하기: A는 B와 C에게 재화나 부담을 분배한다. B는 C보다 더 많은 부분을 받거나, 혼자서 재화나 부담을 받는다. B가 C보다 재화나 부담을 받기에 적합하다면, 분배는 정의롭다. 분배하기에서 특이한 점은 한 사람과 다른 사람 사이에 가치 있음에 대한 형량이 이루어지고 비교적으로 평가된다는 점이다.

A나 B나 양자가 한 사람이 아니라 여러 사람이고, 즉 집단이거나 공동체이거나 아니면 A나 B가 전적으로 공동체이거나 또는 A가 직

접적으로가 아니라 간접적으로 - 법률, 제도, 국가를 수단으로 - 받거나 요구하거나 거절하거나 또는 배분한다는 것에 의해서 모든 경우에 변형들이 생겨난다. 그러나 제시된 구조의 본질적인 것은 이러한 변형들에서 변화되지 않는다.

제2장

판단기준

제18절 세 종류의 판단기준

이러한 결과를 근거로 상대주의자들은 다음을 확언할 것이다. 모든 구체적인 경우에 정의로운 것과 정의롭지 않은 것을 결정하는 것을 허용하는 판단기준들은 존재하지 않는다. 왜냐하면 무엇이 임금을 받을만한가 또는 비난받을만한가 또는 존경받을만한가라는 문제들에 대해서는 다양한 견해들이 있을 여지가 있기 때문이다.

그러나 그럼에도 불구하고 일련의 판단기준들을 말할 수 있다. 이러한 판단기준들은 세 가지 종류의 것이다.

첫 번째 종류는 "정의롭다"는 표현은 물론 또한 "정의롭다"는 표현을 사용하는 것이 전혀 무의미한 경우에 말해진다. 그리고 그러한 표현을 사용하는 것이 일반적인 언어사용과 어긋나고, 그렇기 때문에 그 표현의 의미가 적당치 않은 한에서 무의미하다. 이러한 판단기준들은 특정한 경우에 그 무엇이 의당 "정의로워야" 한다는 것이 요구되는 한 관심의 대상이 된다. 판단기준들을 근거로 그 무엇이 정의롭지도 정의롭지 않지도 않다는 것이 확언되는 경우 그로써 이야기된 것은 정의에 대한 요구가 충족되지 **않았다**는 것이다. 사람들은 그러한 판단기준들을 "어의(語義)로부터 오는 판단기준"으로 부를 수 있다.

두 번째 종류와 세 번째 종류의 판단기준들은 유의미하게 정의에 대하여 말할 수 있는 것이, 즉 받기나 요구하기나 거절하기가 "정의롭거나 아니면 정의롭지 않다"는 것이 이미 확정되어 있는 경우에 결정에 기여한다. 그렇다면 받기나 요구하기나 거절하기가 정의로운 여부나 정의롭지 않은 여부의 문제가 중요하다.

두 번째 종류의 판단기준들은 단지 필요한 판단기준들이다. 이러한 판단기준들로써 몇몇 경우에 받기나 요구하기나 거절하기가 확실히 정의롭지 않거나 정의롭다는 것이 결정된다. 이는 "소극적 판단기준"이다.

세 번째 종류의 판단기준들은 필요하고 충분한 판단기준들이다. 이러한 판단기준들을 이용하여 정의로운 것과 정의롭지 않은 것을 명확하게 결정할 수 있다. 이는 "적극적 판단기준"이다.

어의로부터 오는 판단기준은 단지 "x는 정의로운 것이 아니다"는 명제가 참이라는 것을 결정할 가능성만을 제공한다.

소극적 판단기준은 또한 "x는 정의롭지 않다"는 명제가 참이라는 것을 결정할 가능성을 제공한다. 어의로부터 오는 판단기준뿐만 아니라 소극적 판단기준도 "x는 정의롭다"는 명제가 거짓이라는 반대추론을 허용한다. 양자 간의 차이는 "x는 정의로운 것이 아니다"라는 진술은 두 가지 가능성, 즉 "x는 정의롭지 않다"와 또한 "x는 정의롭지도 않고 정의롭지 않지도 않으며, 정의와 무관하다"를 포함한다. 그러므로 소극적 판단기준은 어의로부터 오는 판단기준보다 더 정확한 언표를 허용한다.

또한 적극적 판단기준은 또한 "x는 정의롭다"는 명제가 참이라는 것을 결정할 가능성도 제공한다.

제19절 어의(語義)로부터 오는 판단기준

첫 번째 종류의 판단기준들은 "x는 정의롭다"는 표현의 의미로부터 분명해진다. 그리고 x는 가치 있음의 관계에 대한 판단을 근거로한 인간적 받기, 요구하기 또는 거절하기여야 한다. 그러므로 사람들은 다음과 같은 경우에 "x는 정의로운 것이 아니다"라는 명제가 참이라는 것을 확언할 수 있다.

1. 받기, 요구하기 또는 거절하기가 존재하지 않는 경우
2. 받거나 요구를 받거나 거절당하지만 그것이 판단을 근거로 하지 않는 경우
3. 판단을 근거로 하지만 가치 있음에 대한 판단을 근거로 하지 않고 그 무엇을 받거나 요구를 받거나 거절당한 경우

예:

1번에 대하여. 이 경우에는 주기, 선물하기가 정의롭지 않다고 표현된다. 앞의 제10절 "둘째"에서 인용된 교사와 애제자의 경우와 포도원 일꾼들에 대한 예수의 비유를 보라.

2번에 대하여. 누군가가 다른 사람에게 실수로, 반사운동에 의하여, 정신착란으로, 강요를 받아 손해를 끼친다. 이러한 것은 객관적으로

"부당할" 수 있다. 그러나 그러한 것을 "정의롭지 않다"고 부르는 것은 단어의 남용이다.

3번에 대하여. 이 경우에는 합목적성에 대한 판단을 근거로 받기, 요구하기 또는 거절하기가 발생한다. 이에 대한 전형적인 예는 인질사살이다. 인질사살을 정의롭다고 부르는 것은 어떤 경우에도 잘못이다. 인질에 대한 선택이 자의적이고 인질의 존엄이 고려되지 않기 때문에 인질사살은 정의롭지도 않고 정의롭지 않지도 않기 때문이다. (그러나 인질사살이 부당하다는 것에 대해서는 뒤의 제3부).

제20절 소극적 판단기준

두 번째 종류의 판단기준들은 가치 있음의 조건들로부터 분명해진다. "x는 정의롭지 않다"는 명제가 참인가 여부는 그때그때의 가치 있음의 존재나 부존재에 좌우된다. B의 급부가 임금을 받을만하지 않다면 임금청구는 정의롭지 않고, B의 급부가 적당하지 안다면 가격청구는 정의롭지 않으며, B의 행위가 형벌을 받을만하지 않다면 형벌은 정의롭지 않다 등. 모든 경우에 언어사용과 관련하여 단어의 의미에 대한 분석이 개별적으로 행해져야 한다. 그렇기 때문에 이곳에서는 절차와 그 성과를 증명하기에 적절한 예들만이 가능하다.

법적으로 매우 의미 있는 가치 있음의 문제는 형벌을 받을만함에 해당된다. 어떤 행위를 통하여 책임 있는 자만이 형벌을 받을만하다. 형벌을 받을 만함을 측정하는 척도는 책임의 정도이다.

그러므로 "책임"이란 개념의 해명이, 즉 언어사용에 대한 연구가 중요하다.

그러한 연구는 결과적으로 폭넓게 벨첼이 "사물논리적 구조"의 확정이라고 부르는 것과 동일한 것이 된다. 벨첼[10]은 그러한 분석이 불가결하고 효과가 크다는 것을 강조하고 - 바로 "형벌과 책임"이 그에 대한 실례이다 - 그러한 것을 그의 주요명제의 하나로 고양하였다. 이곳에서 주장되는 견해와의 차이는 다만 벨첼은 책임이 책임의 사물논리적 구조가 만들어져야 하고 만들어질 수 있는 형벌의 조건이라는 점을 가설적으로 확정하는 데 한정하고 있음에 반하여, 이곳에서는 그것을 넘어 책임은 형벌의 조건이어야 하고 그렇지 않은 경우에는 형벌이 정의로운 것이 될 수 없다는 점을 주장하는 것뿐이다. 이러한 주장은 - 방법적 출발점에 따라 - 이곳에서 항상 시작하여야 하는 **일반적인** 언어사용으로부터 정당화된다. 또한 법적인 전문용어에서도 책임이 아닌 목적관점이 결정적인 한 보호와 개선 "처분"을 이야기한다(§§ 42a ff. StGB 참조). 형벌을 책임에 대한 반작용으로 이해하지 않으면서 누군가가 "형벌"이란 단어를 사용하는 데 대한 예는 전혀 존재하지 않는다. 그러나 "책임"이란 개념은 상당히 동요하고 있으며 그럼으로써 형벌을 받을만함의 해석도 동요하고 있다. 그러나 예컨대 책임에 대한 반작용으로 이해되지 않는 자유박탈이나 살인은 결코 형벌로 표시되지 않는다. 그리고 인질사살도, 보호처분도, 공격충동의 해소도, 자본가나 유대인에 대한 박해도 마찬가지이다.[11] 예컨대 확실히 책임 없는 안네 프랑크 *Anne Frank*에 대한 박해는 "정의로운 형벌"이 아닌 정치적 필요를 수단으로 정당화되었다. 그러나 어떤 공론

---

10) 앞의 제8절 중반부를 보라.

11) Eduard Dreher, Über die gerechte Strafe, S. 35는 이러한 의미에서 책임이 없는 교육형법과 보호형법에 대해서는 형벌의 개념이 의문스러우며 사람들은 명칭변경을 의당 고려해야 한다고 생각하고 있다.

가에게 유대인 박해를 "형벌"로 표시할 생각이 떠오른다면 그 속에는 우연히 유대인들은 집단적으로 그에 상응하는 무거운 책임이 있다는 주장이 들어 있는 것이다.[12]

　벨첼은 "책임"을 다음과 같이 정의한다.[13] "책임은 의미에 맞는 자결(自決)의 중단이며, 사람은 자결에 의하여 위법한 행위를 착수함에 있어 그에게 부과된 법적 생활질서에 따라 자신의 행위를 조종할 수 있다." 통용되고 있는 정의들에 대하여 이러한 정의가 가지는 장점은 다음과 같다. 즉 그것은 선의와 악의가 특정의 정신적 조종의 존재나 부재에 의하여 구별된다는 것을 나타내며, 그렇게 자주 현상을 위조하는 비결정론(非決定論)을 방지한다. 그러나 그것은 이곳에서는 수정을 필요로 한다. 그것은 첫째로 실정법질서와 관련되나, 이곳에서는 실정법질서와는 무관하게 정의되어야 한다. 이 연구의 목적은 실정법질서가 형벌을 받을만한 것으로 전제하는 것이 실제로 형벌을 받을만한가 여부에 대한 판단기준들을 획득하는 것이다. 그렇기 때문에 어느 곳에서도 실정법질서에서 출발해서는 안 된다. 또한 ('부당한'에 대한 반대인) "정당한" 행위도 예컨대 정의롭지 않은 국가권력에 대한 저항과 같이 실정법적으로는 위법일 수 있다(제3부 참조). 그렇기 때문에 "책임"은 "법적 의미의 책임"과 같지 않다. - 더 나아가서 구체적인 경우에 정당한 행위를 할 수 없는 가능성이 없다는 것이 벨첼의 정의에서는 고려되고 있지 않다. 그러나 이러한 불가능성은 본질 필연적으로 책임을 배제한다. 사람들이 일반적 단어사용을

---

12) 물론 이러한 언어사용은 그 역사가 있다. 만일 사람들이 19세기에 동물형벌이 등장한다는 것을 염두에 둔다면 그러한 언어사용이 오래지 않아 분명하게 성립한다는 것이 명백해질 것이다(만일 동물형벌이 우리와는 다른 "책임"에 대한 이해에 의하여 설명되지 않는다면). 어쨌든 이제는 이러한 관점에서 언어사용은 확실하다.

13) Das Deutsche Srafrecht, S. 136.

고려하여 벨첼의 정의를 수정한다면 그것은 다음과 같을 것이다.

어떤 행위가 부당하고 그 행위가 사람에게 가능한, 충분히 강력한 법적 행위에 대한 의사의 부재에 의하여 제약되고 있다면 (즉 이러한 의사가 있음에도 불구하고 법적 행위가 행해지지 않았다면) 그 행위는 유책한 것이다.[14] 그러므로 정당한 행위에 대한 충분히 강력한 의사가 가능하다는 것을 가정한다면, 책임은 정당한 행위에 대한 충분히 강력한 의사의 부재에 있다. 가능하다는 것은 이곳에서는 그러한 의사가 만들어질 수 없다는 것이 확실하지 않다는 것을 말한다.[15]

여기에서 시작하여 사람들은 우선 형벌을 받을만함에 대한 적극적인 판단기준들 - 세 번째 종류의 판단기준들 - 은 사람들이 어떤 행

---

[14] 이러한 정의가 개선될 수 있는가 여부는 중요하지 않다. 형벌을 받을만함이란 개념에 대한 연구는 이곳에서는 단지 방법을 표현하기 위한 예로서 사용되고 있을 뿐이다.

[15] 가능성의 개념은 다양한 의미를 가진다. "어떤 현상이 가능하다"는 것은 다음과 같은 것들을 뜻할 수 있다. a) 그 현상의 모든 조건들이 일어나면, 그 현상은 현실적이다. 즉 그 현상의 모든 조건들이 일어나지 않은 한 그 현상은 가능하지 않았다. 그러한 한에서 가능성은 현실성과 부합한다. 이러한 견해는 N. Hartmann, Möglichkeit und Wirklichkeit에 의하여 발전되었다. 그럼에도 불구하고 이 견해는 통상적인 언어사용과 일치하지 않고 그렇기 때문에 이곳에서는 더 이상 관심을 가질 필요가 없다. b) 그 현상이 발생하기 위한 충분조건들이 존재하지 않기 때문에 그 현상의 발생은 그것이 발생하지 않은 것과 마찬가지로 불확실하다. 이 견해는 (예컨대 Dreher, a. a. O., S. 23ff., 특히 S. 34)에 의하여 주장되는) 통상적인 비결정론적 견해이다. c) 사실에 대한 지식이 결여되어 있어 그 현상이 발생하기 위한 충분조건들이 존재했는지 여부가 의심스럽기 때문에 그 현상이 발생 여부가 불확실하다. 사람들이 견해 b)나 견해 c)를 주장하는 것과 무관하게 - "너는 달리 행동할 수도 있었을 것이다" - 책임요소인 "가능성"은 다른 사람은 똑같은 상황에서 아마도 달리 행동할 수도 있었을 것이라는 것을 확정하면서 다음과 같이 고쳐 쓸 수 있다. 그러므로 다른 사람도 달리 행동할 수도 있었을 것이라는 것이 분명히 확실하다면 법적 행위에 대한 의사가 만들어질 수 없었다는 것은 확실하다. "불가능성"이란 판단기준의 정치적 의미에 대하여는 A. Brecht, Politische Theorie, S. 503ff. 참조.

위가 정당하고 부당한가를 확실히 결정할 수 있는 한에서만 존재할 수 있다는 것을 규명하여야 한다. 그와 같은 것이 과연 그리고 어느 정도까지 가능한가에 대해서는 아래의 제3부를 보라. 이곳에서는 소극적인 판단기준들에 대한 문제만을 더 탐구할 것이다.

형벌을 받을만함이 유책한 행위를 통하여 근거지어진다면 다음과 같은 경우에는 형벌을 받을만하지 않다.

a) 그것이 형벌을 받을만하다고 주장되는 행위가 전혀 존재하지 않는 경우 또는

b) 그러한 행위가 존재하기는 하나 책임이 없는 경우

행위는 다음과 같은 경우에는 책임이 없다.

α) 행위가 부당하지 않은 경우,

β) 행위가 또한 정당한 행위에 대한 충분히 강력한 의사를 방해하지 않았을 수도 있는 경우 또는

γ) 정당한 행위에 대한 충분히 강력한 의사가 가능하지 않았던 경우

α)에 대해서: 어떤 행위가 언제 정당한가에 대해서는 제3부를 보라.

β)에 대해서: 또한 정당한 행위에 대한 충분히 강력한 의사가 부당한 행위를 방해할 수 없는 경우들은 다음과 같은 경우들이다.

1. 자연법칙적인 필연성에 따라 부당한 행위가 불가피한 경우(예컨대 요구되는 구조나 범죄의 저지가 마비, 감금상태, 수영할 수 없음, 벙어리임 또는 유사한 것들에 의하여 불가능하다) 또는

2. 객관적으로 불가능한 행위가 실정법적으로 요구되는 경우(예컨대 인간의 힘을 넘어서는 노동책임량)[16] 또는

3. 행위의 부당함이 예견될 수 없었던 경우(예컨대 교통 신호등이 제대로 작동하지 않아서 모든 방향에 대한 선주행권 표시가 동시에 켜졌기 때문에 어떤 교통사고가 발생하였다. 다른 사람이 남몰래 주사약을 바꾼 후 간호사가 독극물을 주사한다) 또는

4. 부득이하게 부당한 행위의 정당성이 승인된 경우

γ)에 대해서: 만일 생각할 수 없는 동기가 정당한 행위를 하려는 충분히 강력한 의사를 제약할 수 있고 그리고 그렇기 때문에 그러한 의사가 확실히 배제된다면 그러한 의사는 가능하지 않다(특정의 정신질환, 어린이의 미성숙, 환각의 경우)

그러므로 다음과 같은 경우에는 형벌이 정의롭지 않다.

1. 그 행위의 유책성이 전제된 행위가 전혀 존재하지 않는 경우(예컨대 오판에 의한 죄 없는 자의 사형),

2. 그 행위가 부당하지 않은 경우(아래의 제3부를 보라),

3. 상황을 두고 판단컨대 행위자가 부당한 행위를 하지 않는 것이 불가능했던 경우(마비 때문에 구조를 하지 않음),

4. 부당한 행위를 하지 않는 것이 인간으로서는 불가능했던 경우(달성할 수 없는 노동책임량),

5. 부당한 행위를 하는 자가 자기의 행위가 부당하다는 것을 인식할(kennen) 수 없었던 경우(구성요건 착오),

---

16) 1과 2에 대하여 이야기된 것은 브레히트의 정의의 제5명제와 일치한다. Politische Theorie, S. 478과 S. 503ff. 참조.

6. 부당한 행위를 하는 자가 자기의 행위가 부당하다는 것을 알 (wissen) 수 없었던 경우("금지착오"),

7. 생각할 수 없는 동기가 정당한 행위를 하려는 충분히 강력한 의사를 제약할 수 있었던 경우(책임무능력).

이곳에서 형벌을 받을만함의 실례로서 제시된 것은 비슷한 방법으로 비난을 받을만함, 혐오를 받을만함, 존경을 받을만함, 가격을 받을만함 등에 대해서도 이야기될 수 있다.

이야기된 정의롭지 않은 형벌의 7개 판단기준은 부분적으로는 독일형법 총론에서 - 예컨대 책임무능력과 구성요건착오에 대한 규정들에서 - 구체화되었거나 판례가 발전시켰고 오늘날은 일반적으로 인정받는 원칙들에서, 예컨대 간접정범과 고의가 아닌 수단 또는 저항할 수 없는 폭력 또는 책임조각 금지착오에 대한 원칙들에서 구체화되었다. 우리의 판단기준들이 구체화된 몇몇 원칙들은 최근 몇 년 사이에 형법전에 수용되었거나 판례에 의하여 발전되었다. 그래서 순수한 결과책임을 폐지하고 순수한 결과책임을 결과를 유책하게 초래한 것에 결합시키거나 피할 수 없는 법률상의 착오를 책임조각사유로 인정하게 되었다.

그렇기 때문에 이야기된 판단기준들이 현존하는 형법의 원칙들로부터 예컨대 환원적으로 획득되는 것이 아니라 정의로운 것의 개념과 동시에 존재하고 있다는 것이 다시 한 번 강조되어야 한다. 정의로운 것의 개념은 선험적으로 이해되는 것이 아니라 일상용어의 일반적인 언어사용으로부터 도출되는 것이다. 그럼에도 불구하고 그 개념은 오늘날 일반적으로 인정되는 법적 관념들의 합으로부터 추상되는 것이 아니라 - 비록 차별적으로 그 개념과 상응하는 법질서가 그 개념을 발견하는 것을 도와줄 수 있다 하더라도 - 그러한 법적 관념들의 합

이전에 존재하여온 것이다. 그것은 "각자에게 그의 몫을" 또는 예컨대 치체로에게서 그런 것처럼 "각자에게 그의 가치에 따라"라는 오래된 고전적 개념의 본질이다. 또한 그 개념은 법질서와 관련해서만 의미를 갖는 것도 아니다. 예컨대 평론가나 교사도 정의롭지 않을 수 있다. 물론 이 개념도 그 역사가 있다. 즉 철학과 신학이 그 개념에 영향을 끼쳤고 그 개념이 실정법을 형성해온 한 또한 이러한 예는 개념의 의미를 위해서도 제공하고 개념의 의미는 공적 의식에 커다란 인상을 남긴다. 그럼에도 불구하고 단지 정의의 개념이 실정법질서 이전에 그리고 실정법질서와는 무관하게 존재하는 것이라면 사람들이 법질서를 정의롭지 않다고 비판하고 이러한 비판의 도움을 받아 법질서를 계속 발전시키는 것이 가능하다. 이러한 개념이 실정법질서로부터 추상될 수도 있다면 사람들은 법질서를 정의롭지 않은 것이 아니라고 부를 수는 없을 것이다. 그러므로 정의에 대한 우리의 생각은 말하자면 법발전을 움직여 왔고 법발전이 점진적으로 그러한 생각에 접근하도록 법발전에 대하여 목표로서 기능하여 왔다. 법률을 심사하는 이성의 판단은 "정의롭다" 또는 "정의롭지 않다"를 내용으로 한다.

제21절 적극적 판단기준

이제 또한 세 번째 유형의 판단기준, 즉 적극적 판단기준도 있다. 그 판단기준은 그 어떤 가치판단과 관계없이 가치 있음이 정의될 수 있는 경우에는 언제나 존재한다. 예: A는 B를 신뢰하지 않는다(사람들은 예컨대 사업에서 신용대부거절이나 어떤 장관에 대한 연방수상의 불신임 또는 정부에 대한 의회의 불신임을 생각하면 될 것이다). 만일 B가 신뢰할만하다면 불신은 정의롭지 않다. 사람들은 이러한 - 법적으로 중요한 - 사례들에서 "신뢰"를 다른 인간, 즉 B가 A의 이해관계를 배려하거나 침해하지 않을 것을 생각할 뿐만 아니라 또한 그렇게 할 능력도 있다는 A라는 인간의 확신으로 규정할 수 있다. 신뢰할만함은 생각할 뿐만 아니라 또한 그렇게 할 능력도 있다는 것에 있다. 그러므로 A의 불신은 B가 A의 이해관계를 배려하거나 침해하지 않을 능력도 있고 그럴 생각도 있다면 A의 불신은 정의롭지 않다. - 그것이 그러한 경우인가는 경험적으로 확증할 수 있는 영역 내에 있는 문제이며, 어떻든 원칙 내에 있는 문제이다 - 실제적인 장애는 이곳에서는 중요하지 않다. - 그러므로 불신이 정의로운가 정의롭지 않은가는 순전히 사실로부터 밝혀지는 것이지 가치관념으로부터 밝혀지는 것이 아니다. 또한 갱단의 1원인 A도 갱단의 1원인 B가 A의 이해관계를 배려할 수 있고 그럴 생각이 있음에도 불구하고 A가 B를 불신한다면 A는 B에 대하여 정의롭지 않은 것이다. 그러므로 사람들은 판단기준으로서 다음을 분명히 밝힐 수 있다. B에 대한 A의 불신은 다음과 같은 경우에는 정의롭다.

a) B가 A의 이해관계를 배려하거나 해치지 않을 생각을 하는 경우나
b) B가 그렇게 할 능력이 없는 경우

어떤 행위가 비난받을만함이 그 행위의 동기나 결과의 무가치에서 관찰되지 않고 객관적, 부분적으로는 기술적인 흠에서 관찰되는 한

어떤 비난의 정의로운가에 대한 판단기준을 규정할 수 있다. 더 나아가서 상품에 대한 검사의 판단이 "추천할만한가" 또는 "추천할만하지 않은가"가 정의로운가 또는 정의롭지 않은가 여부에 대하여는 추천할만함의 객관적 판단기준들, 즉 상품의 질, 유용성, 가격 등이 결정한다. 시험결과가 정의로운가 또는 정의롭지 않은가 여부는 수험자에게 요구된 능력을 보일 기회가 주어졌는가 여부, 수험자가 그 능력을 보였는가 여부와 점수로부터 수험자의 능력에 대한 적절하고 확실한 결론을 내릴 수 있도록 시험의 (결과를 판단하는) 척도가 고지되었는가 여부에 좌우된다. 이러한 방법으로 많은 사례들에서 정의의 적극적 판단기준이 지정된다.

제3장

정의로운 분배

제22절 　정의로운 분배의 가설적 판단기준

　　분배에서 정의롭거나 정의롭지 않은 것은 결코 주기가 아니라 요구받은 것의 거절하기이다. 그러므로 분배하기는 거절하기의 - 경우에 따라서는 또한 받기의 - 특별한 경우로 간주되어야 한다. 그럼에도 불구하고 특수성들이, 특히 다음과 같은 특수성이 성립한다. 즉 A는 B와 C에게 분배하고, C는 불이익을 받았다. C가 요구한 것에 대한 거절하기는 또한 다음과 같은 경우에는, 즉 C가 요구한 것을 받을만한 경우에는, 즉 B가 비교해보면 더욱 가치가 있는 경우에는 정의로울 수도 있다.

　　우리는 나눌 수 없는 재화와 나눌 수 있는 재화를 구별하지 않으면 안 된다. 나눌 수 없는 재화의 경우에는 한 사람은 모든 것을 얻고 다른 사람은 아무것도 얻지 못한다. 예: B와 C라는 두 명의 지원자 중에서 한 명이 군 지휘관으로 임명되어야 하고 B가 선임된다. C가 더 적합할 수도 있다면 그 결정은 정의롭지 않은 것이다. 진가(眞價)를 판단하는 데는 오직 하나의 관점 - 보수를 받을만함에 대하여는 업적, 비난가능성에 대하여는 책임과 같이 – 만이 존재하는 것이 아니라 예컨대 적합성, 귀족에 속함, 어떤 교육수준(김나지움 졸업시험), 정치적 성향, 도덕적 성실성 등과 같은 여러 가지 가능한 관점들이 존재한다.

"정의로운"과 "정의롭지 않은"이라는 단어들의 의미는 이러한 관점들 사이에서 결정을 내릴 수 있게 하는 어떠한 판단기준도 제공하지 않는다. ("정당한"과 "부당한"이라는 단어들의 의미가 그러한 판단기준을 제시하는가 여부는 다른 문제이다. 그에 대하여는 아래의 제3부를 보라) 그러나 판단기준이 선택되어 예컨대 적합성이 결정적인 것이 되어야 한다면 구체적인 사례에서 자격의 소여(所與)는 경험적으로 조사될 수 있다. 그러한 자격의 소여는 예컨대 나이, 지식, 재능, 체질 등에 따라 판단된다. 그렇게 되면 B와 C 중 누가 더 적합한지 여부가 비교될 수 있다. 정확하게 똑같은 적합성은 이론적으로는 특수한 경우이고 그 경우에는 결정될 수 없을지도 모르나 실제로는 거의 발생하지 않는다.[17]

나눌 수 있는 재화나 부담의 분배의 경우에 대하여는 국가들이 궁핍한 시기에 도입하는 배급제도와 조세제도가 아주 명확한 예가 된다. 예컨대 배급제도의 경우에도 또한 다양한 관점에 따라, 즉 필요에 따라, 업적에 따라, 지위(당내 서열)에 따라, 국적에 따라, 정치적 성향에 따라 또는 모든 사람이 똑같은 것을 얻을 수 있도록 분배될 수 있다. 또한 이곳에서도 이러한 관점들 내에서 한 사람이 어떤 지위에 속하는가, 그의 필요가 어느 정도인가가 경험적으로 조사될 수 있으며 그와 동시에 예컨대 질병, 업적의 정도 등이 어떤 역할을 할 수

---

17) 켈젠은 그의 저서 "정의란 무엇인가"의 한 곳에서 그렇게 함으로써 정의가 탐구될 수 없다는 것을 입증하기 위하여 정확하게 이러한 특수한 경우를 고려하고 있다(S. 3/4).

있다.

그러므로 단순한 요구하기, 받기와 거절하기의 경우에는 그럴만함의 그때그때의 조건이 명백하게 표시될 수 있음에 반하여 구체적인 경우에 그것이 존재한다는 것을 확실하게 주장할 수 있는 경우는 아주 드물다. 분배하기의 경우에는 사정이 역전된다. 즉 어떤 관점 하에서 B와 C가 비교되어야 하는가라는 문제에 불확실성이 놓여 있다. 그러나 사람들이 결정했다면 둘 중에서 누가 비교적 더 그럴만한가는 경험적으로 조사될 수 있다. 단순한 요구하기, 받기 그리고 거절하기의 경우에는 정의의 소극적 판단기준이 존재하나 항상 정의의 적극적 판단기준이 존재하는 것은 아니며, 분배하기의 경우에는 정의의 적극적 판단기준이 존재하나 단지 정의의 가설적 판단기준만이 존재한다. 우리는 그것이 가지는 단지 가설적인 성격 때문에 그것을 엄밀하게 이 연구의 의미에서 판단기준으로 간주할 수 없다.

분배의 정의만을 연구하는 많은 문헌들이 있다.[18] 그렇기 때문에 그러한 문헌들 중 많은 것이 손쉽게 도대체 정의의 판단기준이란 존재하지 않는다는 결과에 도달한다.[19] 그러한 문헌들은 언어사용을 불충분하게 분석하여 우리가 분배하기뿐만 아니라 또한 받기, 요구하기 그리고 거절하기를 정의롭거나 정의롭지 않다고 부를 수 있다는 것을

---

18) 예컨대 Emge, Rechtsphilosophie, S. 172가 그러하다. 엠게 *Emge*는 정의의 추상적인 본질을 해명하기 위하여 그 각들이 각각 한 사람을 나타내고 한 사람은 다른 두 사람에 대하여 어떤 방법으로든 영향을 끼치는 삼각(三角) 형태의 모델을 그린다. 이 모델은 분배의 정의에는 - 그러나 단지 이 경우에만 - 적절하다. 그 밖의 경우에는 한 인간은 다른 한 인간에게 대해서, 예컨대 로빈슨 *Robinson*은 프라이데이 *Freitag*에 대해서 그 어떤 제3자나 또는 동일한 두 사람들 가운데서 두 번째 경우의 한 사람만을 필요로 함이 없이, 정의롭거나 정의롭지 않을 수 있다.

19) 특히 전적으로 분배의 정의만을 연구대상으로 하는 Perelman, De la Justice가 그러하다.

간과하였고 예컨대 형벌을 받기에 포섭하는 대신 무리하게 분배하기에 포섭하였다.

이와 같은 일은 (정의를) 고전적으로 분배적 정의(iustitia distributiva)와 교환적 정의(iustitia commutativa)[20]로 구별하고 그러한 구별이 시종일관 변함이 없이 법철학적 연구에 의하여 아주 최근까지 관철된 데 원인이 있을 수 있다. 이러한 구별이 그릇된 결론으로 유인하고 있다. 교환적 정의로써 말하고자 하는 바는 바로 정의로운 분배를 통하여 초래된 현상(status quo, 현존질서)의 균형적 유지이다. 그러므로 법철학의 원래 의심스러운 테마로 남아 있는 것은 분배이다. 그런데 이미 증명된 바와 같이 정의로운 분배에 대하여는 바로 가설적 판단기준만이 존재하기 때문에 철학을 배제하는 과학적 실증주의의 이론의 여지없는 결론은 가설적 판단기준에는 적용할 수 없다. 즉 우리가 고전적 구별에서 출발한다면 도대체 정의의 판단기준은 존재하지 않는다. 법적 정의(iustitia legalis)를 도입해서 고전적 학설을 보완하더라도 이러한 결과에 변함은 없다. 분배적 정의는 첫 번째 경우를,[21] 법적 정의는 두 번째 경우를[22] 생각하고 있다. 분배적 정의로써 생각되고 있는 것은 주기 – 더 정확하게는 주지 않기, 즉 거절하기 - 의 정의이고, 법적 정의로써 생각되고 있는 것은 요청하기와 받기의 정의이다. 그러므로 오직 가설적 판단기준만이 존재한다는 것은 분배적 정의뿐만 아니라 법적 정의에도 해당된다.

그러나 이미 이야기한 바와 같이 이러한 모든 것은 "정의로운 또는 정의롭지 않은"이라는 관점 하에서 분배하기를 판단하는 데에만

---

20) Aristoteles, Nikomachische Ethik, 제5권 참조.
21) 아리스토텔레스는 예로서 "명예, 금전 그리고 그밖에 시민들이 조직 하에서 분배하는 것"을 거명하고 있다(a. a. O.).
22) Thomas, Summa theologica 2, II, 58, 5.

해당된다. 이하의 부분에서는 "정당한 또는 부당한"이라는 관점 하에서 분배의 정의를 토론하는 것을 허용하는 판단기준이 존재하는가 여부가 검토될 것이다.

요약해서 다음과 같이 말할 수 있다. 받기, 요청하기 또는 거절하기가 정의로운가 또는 정의롭지 않은가 여부는 그럴만함의 구체적인 물음에 좌우된다. 그럴만함을 판단하는 데 어떤 사실이 결정적인가 하는 물음은 예컨대 가별성(유책한 행위)의, 신뢰할만함(신뢰하는 자의 이해관계를 해치지 않는 능력과 의사) 등과 같은 그때그때의 사물논리적 구조에 좌우된다.

제3부

정당한 – 부당한

제1장

판단기준

제23절 어의와 소극적 판단기준으로부터 오는 판단기준

"x는 정의롭다"에서와 마찬가지로 "x는 정당하다", "x는 형평에 맞는다" 등의 표현들에서 판단기준들을 발견할 수 있다. 판단기준들을 발견하는 방법은 "x는 정의롭다"에서와 동일한 방법이며, 사고방법도 사고과정의 자세한 기록이 왜 쓸 데 없는 것으로 생각되는가와 일치한다.

"x는 정당하다(부당하다)"라는 명제에서 x는 항상 인간의 행위이다. 이러한 행위의 본질적인 것은 - "x는 정의롭다"에서와 마찬가지로 - 어떤 인간에게서 무엇인가를 받거나 요구하거나 거절하는 것이다. 우리는 **모든** 받기, 요구하기 또는 거절하기에서 의미 있게 그것이 정당한지 또는 부당한지를 질문할 수 있다. "x는 정의롭다"와는 달리 받기, 요구하기, 거절하기가 그럴만함에 대한 판단을 근거로 하는지 여부 또는 유용성, 합목적성 또는 그와 같은 것들에 대한 판단을 근거로 하는지 여부는 중요하지 않다. 그러니까 심지어는 진혀 판단과는 무관한 것 - 예컨대 실수로 인한 손궤 - 도 정당하거나 부당할 수 있다. 이러한 차이는 언어상으로는 우리가 "부당한 짓을 하다"라고 말할 수는 있지만 "정의롭지 않은 짓을 하다"라고는 말할 수 없고 "정의롭지 않게 행동하다"라고만 말할 수 있는 데서 표현된다. "하기"와 "행동하기"의 차이는 행동하기가 하기(Tun)의 특수한 경우, 즉 목적론적인, 말을 바꾸면 판단의 제약을 받는 하기라는 데 있다.[1]

그러므로 어의에서 오는 판단기준은 이곳에서는 전적으로 수확을 거두지 못한다.

도대체 받기, 요구하기 또는 거절하기가 존재하지 않는다면 "x는 정당하지도 부당하지도 않다"라는 명제는 참이다.

남게 되는 것은 받기, 요구하기 또는 거절하기가 정당한 때는 언제이고 부당한 때는 언제인가라는 물음이다.

숙고가 이곳에 다다르면 너무 일찍 사람들은 다시금 쉽게 그들에게 그렇게 지당하게 생각되는 법철학적 이론 중의 하나에 의존할 위험에 빠지게 된다. 모든 언어동료들을 포괄하는 토론의 가능성을 찾으려는 목표를 고려하여 다시금 오직 일반적인 언어사용에 돌아가지 않으면 안 된다. 일반적인 언어사용은 주로 요구하기와 받기가 실정법과 일치하는 것과 연관된다. 그러므로 이러한 일치가 언제 존재하는가라는 물음이 아래의 숙고에서 의식적으로 의당 무시되어야 한다는 것을 다시 한 번 상기하지 않으면 안 된다.[2] 그러나 "정당한"과 "부당한"은 또한 "법률을 검토하는 이성"의, 법정책적 사고의 화법(話法)이기도 하다.[3] 문제는 사람들이 법정책적 견해의 다양성을 조정하

---

1) 목적론적 행위론을 둘러싼 형법학적 논쟁에서도 이러한 개념규정에 대하여 의견이 일치되어 있다. 특히 Welzel, Um die finale Handlungslehre, S. 6f. 참조.
2) Larenz, Methodenlehre der Rechtswissenschaft와 Engisch, Einführung in das juristische Denken은 이 문제영역에 대하여 근본적인 의견을 표시하고 있다.

는 한, 사람들은 특정의 테마들에 관하여 토론한다는 것이다. 그러므로 사람들은 최소한 그것과 그것이 중요하다는 데 대해서는 의견이 일치되어 있다. 일반적으로 일치된 견해에 따르면 무엇이 중요한가? 가치문제가 중요한가 아니면 사실문제가 중요한가 그리고 정확하게는 어떤 것이 중요한가?

우선 당장 다음과 같은 정도는 말할 수 있다. 받기나 요구하기를 "정당한" 것으로 부를 수 있기 위해서는 받기나 요구하기가 합리적으로 정당화되어야 한다. 그리고 받기나 요구하기가 반드시 합리적인 이유를 가져야 하는 것은 아니나 – 예컨대 정당방위와 같이 – 자발적·감정적인 결과이어야 한다. 그러나 받기나 요구하기는 사후적으로는 합리적인 것이 될 수 있어야 한다. 잠정적이고 거칠게 표현하면 그것은 다음과 같은 것을 의미한다. 받기나 요구하기는 무엇인가에, 예를 들면 어떤 요구를 충족하는 데, 속죄에, 위협에, 보호에, 방어에, 욕구를 충족시키는 데, 질서와 제도와 윤리 등을 유지하는 데 이바지하여야 한다. 짧게 말하면, 받기나 요구하기는 어떤 이해관계에 이바지하여야 한다.

이렇듯 "이해관계"라는 단어를 폭넓게 사용하면 때때로 모순에 빠지게 된다. "이해관계"는 "욕구성향"과 동일시된다. 사람들은 "자유, 안전, 정의, 책임과 같은 이념적 자산"에 대한 관심이 화제가 되어 있는 언어사용에서 이념적 자산들을 "물질적 재화와 동등하게" 여기는

---

3) E. Weigelin, in: ARSP 1950 51, S. 113ff.은 첫 번째 의미만을 인정하고자 하며 그밖에는 자연법 대신 "자연법이론"에 대해서만 언급하고자 한다. - "자연"법이라는 단어에 대해서 이곳에서 관심을 가질 필요는 없다. 그 단어는 철학에서만 등장할 뿐 일상용어에서는 등장하지 않는다. 그러나 실정법률과 그 적용에 의하여 "정당한"과 "부당한"이 이야기된다는 것, "실정법"이라는 의미에서 보다 이러한 의미에서 "정당한"이라는 단어가 훨씬 더 빈번하게 등장한다는 것을 바이겔린 *Weigelin*도 실제로 부정할 수는 없다.

"자연주의적 사고의 단초"를 추정한다.[4] 이해관계라는 개념은 "자체로서 이미 경제적으로 사고하는 문화시대의 결과"일지도 모른다는 것이다.[5]

우선 그러한 견해에 대하여는 이의를 제기하여야 한다. "이해관계"라는 개념은 칸트 *Kant*의 커다란 영향을 받았고, 그 영향은 칸트 이후 이해관계란 개념의 사용을 규정하고 있다. 칸트는 "이해관계"를 단도직입적으로 "욕구"와 "욕망"과 대립되는 것으로 본다. 전자는 이성에 의하여 규정되고, 후자는 단지 감각적인 자극에 의해서만 규정된다.[6] 이해관계에서 결정적인 것은 그것이 성찰, 정당화 그리고 그렇기 때문에 토론이 가능하다는 것이다. 유해한 기호품에 대한 욕구를 참지 못하는 병자에게 의사는 왜 그러한 욕구에 굴하지 않는 데 병자의 이해관계가 있는가를 설명해줄 수 있다.[7]

---

4) 많은 전거(典據)를 수록하고 있는 Larenz, Methodenlehre der Rechtswissenschaft, S. 51.

5) O. Brusiin, Über das juristische Denken, S. 124, Anm. 54.

6) I. Kant, Grundlegung zur Metaphysik der Sitten(in: Kant's Weke, hrsg. v. d. Königl. Preuß. Akademie der Wissenschaften, Bd. IV, Berlin 1911), S. 413, Fußn.: "감각에 대한 욕구능력의 종속성을 경향이라 한다. 그러므로 경향은 언제나 **욕망**을 실증한다. 그러나 이성의 제 원칙에 대한 우연히 규정될 수 있는 의지의 종속성을 **이해관계**라 한다 … " 그리고 S. 459: "이해관계는 그것에 의하여 이성이 실제가 되는 것, 즉 의지를 규정하는 원인이 되는 것이다. 그러므로 사람들은 이성적인 존재에 대해서만 그것이 무엇에 이해관계를 가지는가를 이야기하며, 이성이 없는 피조물은 단지 감각적인 자극을 느낄 뿐이다. 직접적인 이해관계는 동일한 격률의 보편타당성이 절제된 규정근거일 수도 있는 경우에만 이성을 행동하게 한다 …" - 오해는 이익법학의 대표자의 오도적(誤導的)인 단어 설명 때문에 야기되었다. 특히 헤크 *Heck*는 이해관계를 "물질적 그리고 이상적 욕구와 욕구경향"과 동일시한다(Gesetzesauslegung und Interessenjurisprudenz, AzP 112, S. 11).

7) 이 예를 Hans J. Wolff, Über die Gerechtigkeit als principium juris, S. 107이 들고 있다. 볼프 *Wolff*는 넬슨 *L. Nelson*과 프리이스 *Fries* 이상으로 칸트학파에 속한다.

물론 사람들은 바로 이해관계가 토론될 수 있기 때문에 이해관계 개념에서 불편한 심기를 가질 수도 있을 것이다. 윤리의 명령 대신 윤리의 유지에서 가지는 이해관계, 기존의 제도 대신 제도의 유지에서 가지는 이해관계 등을 이야기하는 사고방식은 가설적으로 윤리, 제도 등의 가치를 상대화시킨다. 그러한 사고방식은 사람들이 이해관계를 문제시하고 그 정당한 이유를 요구하는 것을 허락한다. 정당한 이유를 대기 위하여 사람들은 이해관계를 다른 이해관계와 비교하고, 비교함으로써 사람들은 이해관계를 교환할 수 있는 재화처럼 취급한다. (그렇기 때문에 이해관계개념을 경제적 사고에 편입하려는 경향이 생겨날 수 있다) 불편한 심기는 이성과 토론에 대한 불신 때문에 생겨난다. 이념적 자산에 대하여 발생할 수 있는 위해를 배제하기 위하여 사람들은 "이념적 자산" 자체를 언급하지 못하게 하고 이념적 자산을 절대적 가치의 세계에 편입시키려고 한다. 그렇기 때문에 사람들은 이념적 자산에 정당화될 수 있는 이해관계가 있다는 것을 문제시하지 않는다.

이러한 안전장치에는 두 가지 측면이 있다. 그러나 사람들은 결국 이념적 자산에 대한 이해관계가 때때로 의문시되는 것을 저지할 수 없다. 만일 사람들이 이해관계의 범주 일반을 인정하기를 거부한다면, 다른 말로 사람들이 **이성**을 가지고 이념적 자산을 방어하기를 거부한다면 남게 되는 가능성은 그것을 **폭력**으로 방어하는 것이다. "폭력이냐 토론이냐"라는 양자택일을 사람들은 피할 수 없다. 바로 이곳에서

그렇기 때문에 그는 이해관계개념을 단호하게 단지 "주관적인 평가"로부터 구별한다. 이해관계에 대하여 그는 사람들이 그것을 "거짓으로 이해한 것인지 아니면 잘 이해한 것인지를 질문할 수 있고 이 질문에 대하여 그 어떤 다른 사실 문제와 마찬가지로 객관적으로 내답할 수 있나'고 말한다(ebd. 또한 L. Nelson, System der philosophischen Rechtslehre und Politik, 특히 S. 358ff.도 참조).

토론가능성의 문제가 의문시되기 때문에 이하에서는 "이해관계"란 단어를 - 칸트적 의미에서 - 사용하는 것이 논리적으로 일관성을 가질 것이다.

그러므로 합리적으로 정당화되지 않는, 다른 말로 어떤 이해관계에도 이바지하지 않거나(과실치상) 침해 자체에 대한 이해관계에만 이바지하는(새디즘, 쉬카네) 받기, 요구하기 또는 거절하기는 "정당한" 것일 수 없다.

누구도 언젠가 쉬카네나 생각 없는, 어처구니없는 학대를 진지하게 "정당하다"고 부를 수는 없으며, 집단수용소의 앞잡이라 하더라도 그럴 수는 없을 것이다. 집단수용소의 앞잡이는 단어의 남용을 의식함으로써 기껏해야 그것을 빈정댈 수 있을 것이다. 박해가 "정당하다"고 주장했던 국가사회주의자들은 인간의 고차적인 발전을 위한 종족 순수성의 가치와 같은 이론을 정당화할 필요성이 있었다. 만일 니체 *Nietzsche*가 종종 살인, 방화, 강간, 잔인한 고문, 대학생다운 장난을 야비하게 계속하다가 귀가하는 인간상(人間像)을 즐기고 있다면 그는 자신이 부당의 상을 즐기고 있는 것을 의식하고 있는 것이다. 오직 그는 부당한 것에 대하여 적극적인 평가를 내리고 "그 내부에서 생(生)의 특별한 속성들 - 부당, 거짓말, 착취 - 이 극대화되는" 인간에 열광하고 있다. 언어에는 어떤 것에도 이바지하지 않는 받기와 요구하기가 부당하다는 데 대해서 불확실성이 존재하지 않는다.

그러나 또한 과실에 의한 가해는 어떤 이해관계에도 이바지하지 않으며 그렇기 때문에 어떤 경우에도 부당하다.[8]

브레히트 *A. Brecht*의 "보편적인 그리고 불변의" 정의명제 중 제4정의명제 "승인된 가치체계의 필요를 유월하는 어떤 자유에 대한 제

---

8) Politische Theorie, S. 477f.와 481ff.

약도 있어서는 안 된다"는 동일한 것을 생각하고 있으나 "필요"란 단어는 오해의 여지가 있다. 받기나 요구하기는 필요하지 않더라도, 즉 또한 다른 방법으로 목적에 이바지할 수 있다면 목적달성에 도움이 될 수 있다. 물론 다른 방법은 다른 것을 받게 되는 데 있다. A로부터 받는 것은 사람들이 B에게서 받을 수 있는 경우에는 필요하지 않고, B로부터 받는 것은 사람들이 A에게서 받을 수 있기 때문에 또한 필요하지 않다. 필요한 것은 둘 가운데서 하나로부터 받는 것일 뿐이다. 이렇게 명확하게 제한하는 것은 브레히트와 전적으로 일치된다.

그에 따라 소극적 판단기준은 다음과 같다. 그것이 어떤 이해관계에도 이바지하지 않는다면 받기, 요구하기 또는 거절하기는 어떤 경우에도 부당하다.

이는 커다란 파급효과를 가지는 명제이다. 기분, 자의(恣意) 그리고 과실로부터 인간의 보호, 형벌과 정당방위권의 제한 등과 같은 법의 근본적인 진보들은 이 명제의 지배를 받는다.

제24절 적극적 판단기준의 발전: 규범의 결과

가장 어려운, 그러나 결정적인 질문은 적극적 판단기준에 대한 질문이다. 받기나 요구하기가 정당한지 여부는 무엇에 좌우되는가? 받기나 요구하기는 이해관계에 이바지하여야 한다. - 그러나 모든 임의적인 인간의 모든 임의적인 이해관계가 고려되는가? 그리고 사람들은 받는 인간의 이해관계를 비교에 끌어들이고 이해관계들을 평가하고 형량하지 않으면 안 되는가? 그렇다면 사람들은 비교의 척도를 어디서 얻는가?

이러한 질문들에 직면하여 사람들은 종종 체념하였다. 왜냐하면 그러한 질문들에 대답하고자 하는 자연법이론들은 항상 많은 가능한 정치노선들 - 그것들은 혁명적이거나 보수적인 것 중 하나이다. - 중 하나만을 표현하고 그리고 그렇기 때문에 반대되는 생각을 마찬가지로 자연법으로 주장하는 모순을 유발한다. 요약하면, 자연법이론들은 간주관적 의사소통을 가능하게 하지 않는다.

그러나 그럼에도 불구하고 법문제의 커다란 영역에 대해서는 간주관적 의사소통이 존재하고 역사에서는 괄목할만한 진보의 원인이 된 커다란, 항상 지속적인 법정책적 토론이 존재한다.[9] 그러므로 방법은 어떤 질문들이 그러한 토론의 기초를 이루는가 라는 관점에서 이러한 토론을 더 정확하게 관찰하는 것이어야 한다. 그러한 일은 예의 도움을 받아야만 가능할 수 있다. 다음의 사례를 보면 연관이 가시적인 것으로 될 것이다. A가 B에게 책 한권을 판매한다. 후에 그는 그 판매를 후회하고 책의 인도를 거절한다. 왜냐하면 그는 학자이고 중요한 발견을 위해서 노력하고 있으니까. 그는 그 희귀하고 구하기 힘든 책이 현재 절실하게 필요하다. B는 그 책을 이익을 남겨 돈 많은 수집가 C에게 다시 양도하여 이익을 술 마시는데 지출할 생각이다. C는 자기 개인서재를 완전하게 만들기 위하여 그 책을 사들이고자 한다. 그리고 그는 그 책을 실제로는 사용하지 않으면서 또한 남도 접하지 못하게 한다. B는 A에 대하여 그 책을 인도하라고 소송을 제기한다. 모든 당사자들 - A, B, C와 법관 - 은 A가 그 책의 점유에서 가지는 이해관계가 B나 C보다 결정적으로 중요하다는 데 대해서 그

---

9) 위의 제10절 참조.

리고 일반인들도 그 연구계획이 성공에 이해관계를 가지고 그러므로 A가 그 책을 소지하는 데 대해서 이해관계를 가진다는 데 대해서 의견이 일치하고 있다. 그럼에도 불구하고 법관은 그 소송을 인용한다. 왜냐하면 그 소송은 민법 제433조 제1항에 의하여 정당화되기 때문이다. 제433조는 다른 결정을 허용하지 않으며 해당되는 반대규범은 존재하지 않는다. 이러한 것은 법률을 심사하는 이성의 관점에서 볼 때 정당한가 아니면 부당한가?

이러한 질문에 대답하기 위해서 직접적인 당사자들 - A와 B - 의 이해관계를 비교하고 가치, 중요성, 효용성에 따라 또는 비슷한 관점에서 형량하는 데서 출발한다면 사람들은 A의 이해관계를 우선할 것이다. 즉 민법전의 결정은 부당한 것일 수도 있다. 그러나 이러한 출발점은 정당하다는 것이 입증되지 않는다. 법감정, 즉 "정당한"과 "부당한"이라는 단어들의 의미에 관한 심사숙고되지 않은 지식은 우리에게 직접적인 당사자들의 이해관계가 가지는 가치가 중요하다는 것을 의심하게 한다. - 그러나 이제 그 이해관계가 B의 이해관계를 지지하는 C 또한 이해관계가 있다. 그러나 소수의 사람들만이 훌륭하며 오래된 가죽장정을 한 책을 애호하는 수집가가 가지는 이해관계는 학자의 중요한 이해관계를 상쇄하기에는 충분하지 않다고 생각할 것이다. 이것도 입법자가 민법전의 결정을 정당하다고 간주하는 결정적인 관점일 수는 없다.

민법전의 입법자에게는 결국 일반의 이해관계가 결정적이었다는 생각이 든다. 그러나 일반은 A가 그의 연구계획을 성공시키는 데 커다란 이해관계를 가진다. 그에 반해서 B의 이익과 술집의 매상은 기껏해야 세수(稅收)의 관점에서는 이해관계가 있으나 이러한 이해관계는 비비할 정도로 적다. C의 상서수집을 완성시키는 것에는 일반은 어떤 이해관계도 가지지 않는다. 그러므로 일반의 이해관계가 중요하다면 A가 그 책을 소지하게 되고 민법전의 결정은 부당한 것이다. 그리고 A가 계약을 이행할 필요가 없다면 민법전이 정당하다.

누군가가 진지하게 이러한 의미에서 법적 사건을 결정할 것을 제안한다면 그는 확실히 다음과 같은 질문에 대답하여야 할 것이다. "그렇다면 우리는 어디로 가는가?"

이제 사람들이 진지하게 결정의 정당 또는 부당을 진지하게 토론하고자 한다면 사람들은 맨 먼저 이 문제를 토론할 것이다. 이 질문을 수사학적으로만 받아들이지 않고 문자 그대로 받아들이면 이 질문은 엄밀한 법정책적 문제를 포함하고 있다. 이 질문은 정당과 부당을 둘러싼 모든 토론의 기초이다.

그러므로 실례에서 사람들은 대략 다음과 같은 것을, 즉 계약은 지켜져야 한다는 법원칙이 유효하다는 것을 상론할 것이다. 사람들이 계약의 이행을 신뢰할 수 있다는 것은 이 법원칙의 효력에 좌우된다. 또 한편으로는 특히 많은 것, 즉 법적 평화, 인생설계의 계획가능성, 분업적 경제생활의 가능성 등이 이 법원칙의 효력에 좌우된다. 그리고 종국적으로는 기본적 이해관계, 즉 각각의 의미에서 생명보전, 의식주, 인격의 발현을 해결하는 것이 이 법원칙의 효력에 좌우된다. - 그런데 사람들은 이 원칙에 대해서 예외를 허용하며, 예외에도 마찬가지로 절실한 이해관계가 존재한다. 민법에 의하면 계약의 이행을 거절하는 것은 수많은 항변을 허용한다. 그와 같은 것이 그때그때 정당한가 여부는 다시금 다음과 같은 질문에 좌우된다. 우리가 예컨대 착오와 교활한 사기를 이유로 한 계약취소를 인정하지 않는다면, 행위기초의 탈락을 고려하지 않는다면, (계약의) 실효를 인정하지 않는다면, 이행되지 않은 계약에 대한 항변을 허용하지 않는다면 그 결과는 어떻게 될까? 그에 대한 대답은 대략 다음과 같은 것, 즉 법적 거래의 장해, 수인불가, 가치가 고려되지 않고 있다는 의미에서 불의(不

義), 짧게 표현하면 역시 중요한 이해관계들에 대한 침해일 것이다. 그렇다면 실례에서 중요한 것은 또한 이곳에서 계약은 이행되어야 한다는 법원칙이 허용된다면 그 결과는 어떠할 것인가이다.

그러므로 정당과 부당에 대한 질문을 상론하는 것은 구체적인 사례를 넘어 제안된 결정의 기초를 이루는 규범에 시선을 돌리게 한다. 사람들은 제안된 결정을 그것이 실정법적 규정의 형태를 취하든, 규범을 정립하는 선결례의 형태를 취하든 또는 일반적 구속력을 가지는 명령의 형태를 취하든, - 칸트 식으로 이야기하면 - 사람들이 이미 격률이 일반적인 법칙이 되도록 할 수 있는가 여부를 형량하는 식으로 토론한다. 언제나 정당과 부당에 대한 질문에 있어서는 어떤 방법으로든 사회라는 세계의 질서가 문제되며, 일반적인 효력을 가지는 규범만이 질서를 창조할 수 있다. - 이러한 사고는 종종 사람들이 정의를 평등과 동일시하거나 평등을 정의의 기초로 단언하는 식으로 표현된다. 이러한 의미에서는 평등은 다음과 같은 것을 뜻한다. 즉 하나의 사례에서 결정의 조건이 되는 규범은 일반적인 효력을 가진다.[10] - 사람들이 하나의 사례에서 하나의 결정의 정당과 부당을 토론하면 "그렇다면 우리는 어디로 가는가?"라는 기초를 이루는 질문은 다음과 같이 이해되어야 한다. "우리가 이곳에서 그렇게 결정한다면 우리는 항상 그렇게 결정하지 않으면 안 된다 - **이러한** 상황은 어떤 결과를 가져오는가?"

그러므로 실례에서 사람들은 B의 소를 인용하는 법관의 결정이 정당하지 않다는 견해를 다음과 같은 방식으로만 정당화할 수 있다. 우선 사람들은 어떤 규범이 소기각의 조건이 될 수 있는가를 보여야 한다. 예를 들어 다음과 같은 다양한 생각할 수 있는 규범들이 고려

---

10) 이에 대하여는 아래의 제31절 b) 참조.

된다. "매도인(또는 계약체결자 일반)이 계약의 이행이 자신의 이해관계와 상반된다는 것을 충분히 숙고하지 않았다면 매도인은 구속되지 않는다." 또는 "매도인의 이해관계가 매수인의 (또는 모든 다른 이해관계인들의) 이해관계보다 더 가치가 있다면 매도인은 구속되지 않는다." 또는 "그에 대해서 일반이 이해관계를 가지면 계약은 구속력이 없다." 그러고 나서 사람들은 사람들이 적용하고자 하는 규범들의 일반적 효력이 예측컨대 어떤 결과를 가져올지를 설명하여야 한다. 그와 동시에 사람들은 "계약은 지켜져야 한다"는 법원칙에 기본적인 이해관계가 성립하고 있다는 것을 고려하여야 한다. 토론은 이러한 기본적인 이해관계들의 충족이 더 이상 확실시되지 않을 정도로 제안된 일반적인 예외들이 원칙의 영향력을 상실하게 하는 것이 아니냐 라는 질문을 선회한다. 이미 지금까지 유효한 원칙에 대한 예외들 - 취소, 행위기초의 탈락, 실효 등과 같은 - 은 그것들이 원칙의 영향력을 상실하게 하지 않는다는 데에서 정당화된다. 이러한 논거로써 그러한 예외들은 결국 관철될 수 있었다. 그러한 예외들은 부분적으로는 심지어 계약을 신뢰할 수 있는 데서 가지는 기본적 이해관계의 충족을 계속해서 확실히 하는 데 적합하기까지 하다. 예컨대 바로 규범이 교활한 사기를 이유로 한 계약이 취소될 수 있다는 것과 교활한 사기의 숫자를 감소시키고 있고 법적 거래에서 신뢰를 제고시키고 있다.

그럼에도 불구하고 예측할 수 있는 한 모든 실례에서 고려의 대상이 되는 규범들은 법원칙 일반의 효력을 제거할 것이다. 만일 사람들이 계약이행에 대한 청구를 예컨대 일반이 그때그때의 구체적 계약이행에서 가지는 이해관계에 좌우되게 한다면 그 결과는 매우 많은 사례들에서 청구권이 존재하는가 여부가 불확실해질 것이다. 이러한 불확실성의 결과는 법적 거래가 마비되고 분업적 경제생활이 와해되며 가장 기본적인 이해관계를 충족시키는 것이 불가능해질 수도 있다.

사람들이 이러한 모든 것을 숙고했다면 법감정 - "정당한"과 "부당한"이라는 단어의 의미에 대한 지식 - 은 어떤 결정이 정당한가를 우리가 더 이상 의심하게 내버려두지 않을 것이다. 의심은 사람들이 아직도 다양한 가능한 결정들의 마지막 결과까지를 개관하지 않는 동안에만 존재하였다. 우리의 결정이 의당 정당해야 한다는 것을 가정한다면, "정당한"이라는 단어의 명확한 의미는 우리로 하여금 가장 기본적인 이해관계를 충족하는 결정을 내릴 수밖에 없게 한다.

그러므로 이해관계는 비교된다. 그러나 한편으로는 계약이행에 대하여 가지는 당사자들이나 또한 일반의 이해관계와 다른 한편으로는 계약불이행에 대하여 가지는 당사자들이나 또한 일반의 이해관계가 비교되는 것이 아니라, 한편으로는 "계약은 지켜져야 한다"는 원칙에 대해서 가지는 이해관계와 다른 한편으로는 일반적인 예외들에 대해서 가지는 이해관계가 비교되는 것이다. 사람들은 종종 정당과 부당에 대한 질문은 추상적으로가 아니라 구체적인 사례를 대상으로 해서만 결정되어야 한다는 이야기를 해왔다.[11] 그러한 이야기의 개별적인 사례는 사회생활의 전체와 연관해서서만 관찰되어도 좋다는 것을 사람들이 추가할 때에만 동의할 수 있다. 결정적인 것은 개별사건에서 문제되는 이해관계가 아닌 **규범에 대한**, 법원칙 내지는 일반적 예외에 대한 **이해관계**[12]이다.

실례는 민사거래법에서 빌려온 것이다. 그러나 똑같은 것이 다른 모든 법영역의 모든 사례에서 보인다. 가족법에서 예를 들어보자. 남편이 사랑하는 그리고 이미 그녀에게서 세 명의 혼외자(婚外子)를 둔 여자와 혼인해서 혼외자들을 적출로 하기 위해서 자녀가 없는 혼인을 파기하기를 매우 원한다. 부인이 혼인의 유지에 대해서 가지는 이해

---

11) 특히 Viehweg, Topik und Jurisprudenz 참조.
12) 이러한 것을 간과한 것이 자유법학파의 결정적 오류였다.

관계는 매우 적고 거의 물질적인 것에 지나지 않는다. 이혼이 정당한가 부당한가라는 법정책적 문제에서 결정적인 것은 이 사례에서 문제되는 이해관계의 비교가 아니라 우리가 혼외자의 적출인정을 일반적인 이혼사유로 인정한다면 우리는 어디로 가는가라는 질문이다. 그러므로 사람들은 예컨대 다른 여자와 혼인하고 싶어하고 이전 혼인에 지겨워진 남편들이 그렇게 함으로써 혼외자를 적출자로 인정할 수 있고, 그렇게 함으로써 혼인제도는 일반적으로 안정성을 상실한다 등과 같은 예측할 수 있는 결과를 상론할 것이다.

어떤 규범이 어떤 결과를 가져오는가라는 질문은 사실, 무엇보다도 언제나 용이하게 조망할 수 없는 사실을 따른다. 종종 사람들은 규범이 예측할 수 있는 한 이렇게도 저렇게도 작용할 것이라는 것을 추측할 수 있을 뿐이다. 예언은 세상물정에 대한 지식과 인생경험에 따르는 기대를 근거로 한다. 사람들은 많은 사례에서 그러한 기대에 대하여 철두철미 상이한 견해를 가질 수 있고 무수한 법정책적 다툼들은 그러한 견해의 다양성을 근거로 한다. 그러나 그 모든 것은 의견의 일치가 원칙적으로 배제되어 있다는 것과 논쟁문제를 경험적·학문적인 연구로 접근할 수 없다는 것을 내용으로 하지는 않는다. 경험적 지식을 획득하기 위해서는 시간이 필요하며, 종종 수십 년에 걸친 관찰을 통해서만 인류학적, 경제학적, 범죄학적, 사회학적 결과가 얻어지기도 한다. 그렇기 때문에 진보는 사람들이 지나치게 단기적으로 권장된 이론들과의 쓰라린 경험을 비축함으로써 완성된다.

종종 그러한 경험을 얻기 위해서는 수백 년 동안의 시도와 실패가 필요한 경우도 있다. 바로 그것을 둘러싸고 매우 치열한 투쟁이 전개되는 커다란 정치문제들에서 경험을 얻는 일은 가장 힘들고 가장 시간이 많이 걸린다. 헌법의 원리들, 사회법·노동법·경제법의 원리들이 어떤 결과를 가져오는가라는 질문은 그 모두가 반박될 수 있고 그리고 그렇기 때문에 종종 그만큼 더 치열하게 확신을 쟁취하기 위해서 투쟁하는 다수의 서로가 서로를 배제하는 이론들을 가지고 대답이 주어진다. 예컨대 경제학에서의 학파간의 논쟁의 역사는 몇 안 되는 기본적인 인식이 매우 느리고 매우 힘들게만 획득된다는 것을 보여준다. 그럼에도 불구하고 사람들은 경제학적 문제들은 경험적 연구의 대상에서 제외된다고 진지하게 주장할 수 없다. 가설정립과 이론정립 그리고 그 위조와 많은 경우 또한 검증이라는 부단(不斷)의 과정에서 진리인식에서의 진보가 이루어진다.

제25절 계속: 더 기본적인 이해관계

그러므로 정당과 부당을 둘러싼 토론에서 우선 문제되는 것은 받기, 요구하기 또는 거절하기를 정당화하는 일반적인 규범이 어떤 결과를 가져오는가라는 사실문제이다. 그럼에도 불구하고 이제 모든 사례에서 하나의 준칙이 가져오는 실제의 결과를 해명함으로써 반드시 의견의 일치가 이루어지는 것은 아니다. 사람들이 그 결과에 대해서는 의견이 일치될 수 있지만, 그 결과가 추구할 만한 가치가 있는지 여부에 대해서는 논쟁할 수 있다. 문제는 이러한 논쟁에 대해서 사실을 참조하도록 지시하여 경험지향적 토론을 통하여 그러한 논쟁이 해결될 수 있는 결정적인 판단기준이 존재하는가 여부이다.

특정영역에서 특정의 건축방법을 규정하고 미학적 이유에서 그러한 건축방법을 채택하지 않는 것을 금지하고 있는 건축법이 명확한 예를 제공한다. 누군가는 그러한 건축방법을 채택하지 않는 것을, 느슨하게 변화시키는 것을 아름답다고 생각하고 그렇기 때문에 그 규정이 부당하다고 생각할 수 있다. 속담과 같은 방법으로 이야기하면 취향에 대해서는 왈가왈부할 수 없는 법이다. 어떻든 경험적 토론의 판단기준은 존재하지 않으므로 이 사례에서는 이 연구의 의미에서 정당과 부당에 관한 판단기준이 존재하지 않는다.

그에 반하여 건축법이 통계학적인 근거에서 특정의 건축방법을 금지한다면 - 예컨대 지반이 고층건물을 지탱하지 못하여 붕괴의 위험이 있기 때문에 - 그것은 어떠한 토론의 판단기준도 필요로 하지 않는다. 사람들은 통계학적 근거를 문제시하는 한에서만 건축법을 부당한 것으로 간주할 수 있다. 그러므로 사람들은 건축법의 결과만을 토론한다. 그러나 사람들은 진지하게 고층의 건축방법에는 붕괴위험이 있다는 것을 인정하면서 동시에 그러한 건축방법을 금지하는 건축법을 부당한 것으로 간주할 수는 없다.

서적매도인에 대한 앞의 예도 사정은 비슷하다. 비록 토론의 상대방이 소기각의 원인이 된 규범이 경제생활을 와해시킨다는 것을 시인한다 하더라도 토론의 상대방이 소기각의 원인이 된 규범을 정당한 것으로 간주한다고 사람들이 생각한다면, 토론의 상대방이 그렇게 할 수 있는 경우란 경제생활이 기능하는 것이 인간의 이해관계를 충족시키는 데 기초가 된다는 것을 부정하는 경우에 한정된다. 그러므로 사람들은 토론의 상대방과 모든 것 - 식량, 의복, 건강, 끝으로 오늘날 주어진 상황 하에서 생명 - 이 경제생활의 기능하는 것에 좌우된다는 것과 또한 토론의 상대방이 가치 있는 것으로 간주하는 이해관계들도 결국 그것에 좌우된다는 것을 토론할 것이다. 그러므로 증명되는 것은 다음과 같은 것이다. 그럼에도 불구하고 사람들은 다시금 격률의 결과만을 토론하고 있고, 사람들에게 그 결과에 대해서 의견이 일치하였다는 견해는 조급하고 거짓임이 입증된다. 그러나 사람들이 실제로 결과에 대하여 전적으로 의견이 일치하자마자 사람들은 또한 격률의 정당과 부당에 관해서도 의견이 일치할 수밖에 없다.

물론 어떤 사람이 경제생활의 와해를 의미하는 재앙을 미학적으로 즐기기 위하여, "몰락에서 오는 쾌락"을 만끽하기 위하여 바로 그러한 재앙이 초래되는 것을 원하는 것도 가능하다. 뿐만 아니라 그는 니체와 의견을 같이하여 실리적인 사고를 경멸하고 "생의 특수한 속성, 즉 부당, 허위, 착취"가 유효하게 되기를 의욕할 수 있다. 그러나 그렇게 되면 그는 부당을 열망하는 것이다. 언어사용은 이 경우에 "정당"을 말하는 것을 허용하지 않는다. 정당과 부당에 대한 질문은 실리적인 사고의 질문이다.[13] 중요한 것은 받는 또는 요구하는 규범들이 어떤 이해관계에 이바지하는가이다. 이미 이야기되었듯이 이해관계 자체는 합리화될 수 있어야 한다. 즉 이해관계는 가능한 한 포괄적인 이해관계의 발현과 이해관계의 충족에 이바지하여야 한다. 몰락에서 오는 쾌락은 그와는 반대작용을 하며 그렇기 때문에 요구일 뿐 이해관계는 아니다(위의 23절 참조).

이제 이익과 불이익은 경험적 판단기준일 수도 있다. 그러나 그렇다면 규범이 정당하기 위해서는 누구를 위해서 그리고 무엇을 위해서 유익하여야 하는가가 해명되어야 한다. 실례에서 그 질문은 다음과 같이 간단하게 대답된다. 계약은 지켜져야 한다는 규범이 원칙으로서 효력을 가지는 데서 가지는 이해관계는 단지 한 단체나 한 계급의

---

13) 언어사용이 역사적으로 어떤 제약을 받는지는 불확실하다. 어떻든 이러한 것은 오늘날의 언어사용이며 그것은 분명하다. 어떻든 오늘날의 언어사용이 실리적인 사고를 비판하는 많은 사람들이 추측하듯이 19세기의 경제적 사고에서 유래하지는 않고 또한 이미 루터도 *Luther*도 예컨대 "Von weltlicher Obrigkeit, wie weit man ihr Gehorsam schuldig sei"에서 법과 권력을 반복해서 그것들이 "유익하고 필요하다"라는 단어로써 정당화하고 있다는 것이 의당 언급되어야 할 것이다.

이해관계가 아닌 일반적인 이해관계이다. 규범의 원칙성은 모든 사람들에게 이익이 된다. 그리고 그러한 원칙성은 규범의 가장 기본적인 이해관계들에 이익이 된다. 가장 기본적인 이해관계들에게 그때그때 가치 있고 중요한 것으로 생각되는 것은 중요하지 않다. 계약이행에 대하여 신뢰할 수 있는 것에 결국 생명과 건강이 좌우된다면 모든 앞으로의 가치실현도 그것에 좌우된다.

건축법에 관한 사례에서는 사정이 다르다. 붕괴위험도 직접 생명과 건강을 위협하기는 마찬가지이다. 그러나 이 사례는 모든 사람이 붕괴의 위험과 관계된 것이 아니라 그 건물에서 생활하는 자들만이 관계된다는 점에서 방금 상론된 것과 구별된다. 사람들은 이 사례를 다음과 같이, 즉 건축주는 그 건물에 입주할 생각이 없고 - 그럼에도 불구하고 건물의 지반이 지탱되리라는 것을 희망하면서 - 그 건물에서 임대료를 받을 수 있을 것을 기대한다고 생각할지도 모른다. 이제 사람들이 건축주의 이해관계를 고려하여 건축법을 "부당하다"고 부르고자 한다면 그것은 스스로 어의(語義)가 이러한 언어사용을 허용하지 않는다는 것을 증명한다. 건축주의 재정적인 이해관계를 우선시하는 이해관계의 평가가 생각될 수는 있으나, 언어를 남용하지 않는 한 그러한 평가를 "정당한" 것으로 부를 수 없다. 그것은 다음과 같은 이유에서이다.

이해관계에 대한 평가는 흔히 상대주의자들이 주장하는 것처럼 전적으로 그렇게 임의적이지 않다. 왜냐하면 언어사용에 따르면 "정당한"과 "부당한"은 실리적 이성의 원리와 결합되어 있고 실리적 이성은 이해관계의 기초 관계와 종속관계에 통달하고 있기 때문이다. 교육에 대한 이해관계는 생활수준이 최소한의 생존의 확보가 보증될 때에만 충족된다. 생활수준에 대한 이해관계는 - 어떻든 주어진 조건 하에서 - 생산과 거래가 번성할 때에만 충족된다. 거래에 대한 이해관계는 사람들이 계약의 이행을 신뢰할 수 있을 때에만 충족된다. 계약이행을 신뢰할 수 있는 데 대한 이해관계는 계약이행이 강제될 수 있는 때에만 충족된다 등. 사람들은 "(의) 기초를 두다"라는 표현을 도입하여 다음과 같이 말할 수 있다.

I2의 이해관계의 충족은 I1의 이해관계의 충족에 좌우된다. 즉 I1은 I2의 기초가 된다. 모든 이해관계는 이와 같이 기초관계와 종속관계에 있다. 그러므로 우선 기초가 되는 이해관계의 충족에 주시하고 난 연후에 종속적인 이해관계의 충족에 주시하는 것이 이성적이다. 이성적인 자는 우선 종속적인 이해관계를 충족시키기 위한 **전제**를 만들어 낸다. 그는 모래가 아닌 견고한 지반 위에 자신의 집을 짓는다.

그렇게 이해된 이성의 원리는 정당의 판단기준이다. 이러한 의미에서 하르트만 *Nicolai Hartmann*은 다음과 같이 말한다.14)

" … 모든 더 고차적인 정신적인, 모든 원래의 문화가치는 신체, 생명, 개인적 행동의 자유 등이 확보되는 곳에서만 만개할 수 있다. … 그러므로 정의는 현실에서 더 고차적인 가치들이 활동할 수 있는 공간을 만들어 낸다. 더 세분화된 윤리적 생활은 더 자연 그대로의 기본조건들이 충족되는 곳에서만 비로소 시작될 수 있다. 그러나 정의는 그러한 조건들을 충족시키려는 경향이다. 정의는 모든 그 밖의 것들이 계속해서 실현되기 위한 선결조건이다."

---

14) Ehitk, S. 422.

유익한 것과 이성적인 것은 이제 물론 개별적 개인의 이기적 이성의 관점이 아닌 법공동체의 관점에서 결정된다. 법은 공동체적 이성이다.

그러나 이제 공동체 내에서 다양한 이해관계들이 충돌하고 규범과 반대규범이 다양한 집단의 다양한 이해관계에 이바지하기 때문에 사람들은 공동체적으로 이성적인 것을 오직 중립적인 관찰자의 관점에서만 결정할 수 있다. 그래서 오래전부터 중립성은 정의의 필수적 요소로 간주되어 왔다. 즉 정의의 여신의 눈은 가리어져 있다. 당파성은 또한 우리의 언어사용에 따르더라도 바로 정의에 대한 반대원리이다. 사람들은 종종 그리고 매우 강력하게 당파적으로 생각하지만 언어를 남용하지 않는 한 사람들은 그러한 생각을 '정당하다'고 부를 수는 없다.15)

중립성은 규범에 관계있는 인간들이 모든 그들의 생활관계에서 구체적으로가 아니라 단지 문제가 되어 있는 이해관계의 주체로서만 추

---

15) 법률을 "모든 법공동체에서 서로 대항하는 그리고 인정받으려고 투쟁하는 이해관계들의 합성"으로 생각하는 원조 이익법학(Heck, a. a. O., S. 17)은 이해관계를 중립적으로 비교하는 관점 - "평가" -을 누락시키거나 그러한 관점을 "결정에 대한 이해관계"에 환원시킨다(a. a. O., S. 232, Anm. 357). 그렇기 때문에 이익법학은 법률을 그것이 정당한가 또는 부당한가에 따라 판단할 수 없다. 이익법학은 필연적으로 상대주의적일 수밖에 없고 바로 그 때문에 비판받고 있다(특히 Larenz, Rechtswissenschaft und Rechtsphilosophie, AcP 143, S. 271ff.와 Methodenlehre der Rechtswissenschaft, S. 58과 S. 128ff. 참조). 그와 동시에 결국 중요한 것은 중립적인 관찰자가 충돌하는 이해관계들을 어떤 관점에서 결정할 수 있는가라는 문제이다.

상적으로 관찰되어 사람들이 구체적으로 관계되어 있는 사람들을 다른 사람들과 바꾸어 생각하더라도 동일한 결정을 내리게 될 것이라는 데 있다. 그러므로 추상적인 이해관계의 주체는 이해관계를 비교하는 데 중요한 속성만을 가진다. 그러한 주체는 예컨대 "이혼"의 실례에서는 남편, 다른 여자의 정부(情夫), 세 명의 혼외자의 부이지, 빨간 머리를 가진 사람, 직원, 이러저러한 정당의 당원이 아니다. 그리고 "건축법"의 실례에서는 미래의 세입자나 그 집의 방문객, 건축주 등이다. 중립적 관찰자는 모든 다른 특성을 도외시한다. 그러한 한에서 중립성의 원리는 평등취급의 원리와 동일시된다.[16]

더 나아가서 중립성의 특징은 질적 추상화 외에도 양적 추상화이다. 즉 사람들은 이해관계의 주체를 그들의 구체적인 속성들을 추상적으로 관찰할 뿐 아니라 그들의 숫자도 추상적으로 관찰한다. 한편에는 사람이 많고 다른 한편에는 사람이 적다는 것은 어떤 역할을 하지 않으며 어느 편에 더 기본적인 이해관계가 있는가 하는 것만이 어떤 역할을 한다. 단 한 명의 권리주체의 기본적인 이해관계라 하더라도 나머지 전체 법공동체의 구성원의 더 종속적인 이해관계에 우선한다.[17]

그러므로 중립적인 관찰자는 이해관계의 기초의 관점에서 이해관계를 비교한다. 그 밖의 많은 이해관계들이 임대료수입에 대한 이해

---

16) 아래의 32절 b) 참조.

17) "공익이 사익에 우선한다"와 같은 격언이나 "최대다수의 최대행복"이 중요하다는 벤담 *Bentham*의 공식은, 그것들이 공동체적 이성이 중요하다는 것을 표현하기 때문에, 법감정에게는 – 즉 "정당하다"는 단어의 의미에 대한 지식에게는 – 지당하다. 동시에 그것들은, 그것들이 양적인 중립성이 정당한 것에 속하는 것을 배제하기 때문에, 법감정에게는 불쾌하다. 사람들이 이러한 격언들에 반대하여 – 전적으로 정당하게 – "개인의 존엄"을 전면에 내세운다면 그것은 개인의 존엄은 바로 양적인 중립성을 요구한다는 것을 달리 표현하는 방법에 지나지 않는다.

관계가 충족되는 데 좌우된다. 생활수준이 높아지면 예컨대 여행, 투자 또는 더 쾌적한 인생설계가 가능해진다. 그러나 생명과 건강에 대한 이해관계가 충족되는 것에 매우 많은 것, 즉 모든 오직 가능한 이해관계의 충족이 좌우된다. 그러므로 생명과 건강에 대한 이해관계를 우선하는 것은 이성적이고 정당하다. 물론 사람들은 또한 달리 평가할 수도 있다. 모험가는 경제적 이익을 얻기 위해서 생명의 위험을 무릅쓸 것이다. 그러나 모험가의 윤리는 이해관계의 기초관계·종속관계를 따르는 이성의 원리와는 다른 것이며, 후자만이 정당한 것과 부당한 것에 대한 판단기준이다.

그러므로 사람들은 다음과 같이 받기, 요구하기 또는 거절하기의 정당과 부당을 토론한다.

1. 어떤 일반적인 규범이 받기, 요구하기 또는 거절하기의 기초를 이루는가? 어떤 반대규범이 받기, 요구하기 또는 거절하기의 부작위를 정당화할 수도 있는가?
2. 규범과 반대규범의 효력은 각각 어떤 결과를 가져오는가?
3. 그러므로 결국 어떤 규범은 더 포괄적인 이해관계를 충족시키고, 어떤 규범은 단지 부분적인 이해관계만을 충족시키는가?

더 포괄적인 이해관계를 충족시키는 규범 - 만족을 얻는 자가 누구이든 상관없이(중립성의 원리) - 이 정당하다.[18]

---

18) 또한 볼프에 의하여 발전된, 다른 인간의 객관적으로 더 가치 있는 이해관계의 충족을 좌절시킬 수도 있는 한 자기 자신의 이해관계의 추구를 단념할 것을 요구하는 법원칙(a. a. O., S. 113)도 이러한 의미에서 이해된다. "객관적으로 더 가치 있는"이란 표현은 이러한 원칙이 "내용 없는 공식"으로 간주될 수도 있다는 상대주의의 오해를 쉽게 불러일으킨다. 그러나 그와 동시에 사람들은 볼프에 의하여 사용된 칸트적 의미에서의 이해관계는 객관적 토론이 가능하다는 것

그에 따라 적극적 판단기준의 내용은 다음과 같다.

받기, 요구하기 또는 거절하기는 다음과 같은 경우에는, 즉 그것이 그 일반적 효력이 침해되는 이해관계보다 더 기본적인 이해관계로부터 정당화된다면 정당하다.

어떤 이해관계가 더 기초적인가 하는 질문은 통계학적 근거에서 오는 건축금지의 예에서와 같이 한편에서는 가장 기본적인 이해관계들 - 최소한의 생존, 건강, 권리보호, 평화와 비슷한 것들 - 의 하나가 문제되고, 다른 한편에서는 단지 소수의 그 밖의 이해관계에 기초를 두는 이해관계가 문제되는 경우 언제나 용이하게 경험적 연구와 토론의 대상이 될 수 있다. 비교대상이 되는 이해관계들이 기초관계와 종속관계의 등급에 근접하면 할수록 그 질문은 대답하기가 그만큼 더 곤란해질 것이다. 예컨대 건축법이 특정의 영업을 금지한다면 한 사람은 건축법에, 다른 사람은 가설적인 반대규범에 대략 어떻든 종속될 수 있을 것이다. 그 경우 사람들이 정당과 부당을 토론하려고 하면 사람들은 구체적으로 상세한 내용까지 다루어야 한다. 소음을 발생시키고 이웃의 건강을 해치는 영업이 문제되고 경제적으로 불이

을 간과했을 것이다(위의 23절 Fußn. 6과 7 참조). 이러한 토론의 기초가 되는 판단기준들은, 설명하기 위해서 시도되었듯이, 이해관계의 서열질서를 판단하는 척도인 기초관계와 종속관계이다. 볼프가 객관적인 가치의 개념으로써 이러한 서열질서를 마음에 두고 있다는 것은 그가 객관적 가치들의 정점에 최고의 가치를 두는 것(S. 109)과 도대체 "자연법을 법전화"하는 것(S. 114)을 불가능한 것으로 간주한다는 사실에서 밝혀진다. 그 대신 그는 넬슨 *Leonhard Nelson*과 의견을 같이하여 "인격의 도야"를 명령한다(S. 109). 그로써 생각되는 것은 - 칸트적 이해관계개념의 단초에 따르면 - 바로 (객관적) 이해관계의 가장 포괄적인 발전과 충족이다. - 오해를 미연에 방지하기 위해서 더 나아가서 구체적인 개별사례에서 문제되는 이해관계가 아닌, 개별사례를 결정하는 규범이 일반적 효력을 가지는 경우에 문제되는 이해관계가 표준적이라는 보충적 지적을 하는 것이 합목적적일 것이다.

익이 발생한다 하더라도 이 영업을 다른 곳에서 할 수 있다면 건축법은 정당하다. 그러나 건축법이 무해한 영업을 미학적인 근거에서 금지하고 그러한 금지가 영업주의 경제적 파산을 의미한다면 건축법은 부당하다.

결국 정당한 것과 부당한 것을 명확하게 결정하는 것이, 두 개의 동일한 가치를 가지는 미학적 이해관계들이 서로 대립하고 있는 위에서 설명된 예에서와 같이 똑같이 규범과 반대규범에 종속하고 있기 때문에 또는 생명과 생명이 그리고 비슷한 사례가 문제되는 경우가 있기 때문에, 더 이상 가능하지 않은 경계에 놓여 있는 사례가 존재한다.

제2장

추론

제27절 판단기준의 적용범위

이제 상대주의의 문제를 위해서 결정적인 질문은 정당 또는 부당의 질문에서 원칙적으로 결정할 수 있는 사례들이 결정할 수 없는 사례들에 대하여 그 수와 중요성에 따라 어떤 태도를 취하는가 하는 질문이다. 상대주의자는 대부분의 또는 적어도 정치적으로 매우 의미 있는 논쟁문제들은 경험적으로 토론할 수 없다는 견해에 경도된다. 일견해서 상대주의자들이 항상 수중에 가지고 있는 일련의 예들이 이러한 견해에 찬성하는 것으로 생각된다. 경험적으로 토론할 수 없는 논쟁문제들에 대한 예가 존재한다는 것도 증명되었다. 그러나 바로 상대주의자들의 주된 예에 오해가 있는 것이 아닌가 여부 또는 그러한 오해가 도대체 그 비율을 전체적으로 왜곡하고 있는 것이 아닌가 여부는 주의 깊게 검토될 필요가 있다.

첫째로, 상대주의적 명제들을 고려할 때 그렇게 엄청난 수의 법규범들이 오늘날 곧바로 확실하게 효력을 가진다는 것은 놀라운 일이다. 민법의, 소송법들의, 형법규범들의, 행정법의 훨씬 많은 부분들이 국가사회주의 독일에서, 공산주의 독일에서 그리고 민주 독일에서 예나 지금이나 효력을 가지고 있고 생각할 수 있는 매우 상이한 정신적 질서기초와 법률을 심사하는 이성에도 불구하고 고수되었다. 이러한 모든 규범들은 대부분 상대주의토론에서 간과되고 있다. 항상 정치적 논쟁문제들만이 본질상 당연히 세인의 눈에 드러난다. 그리고 논쟁의 대상이 되지 않는 규범들은 자명한 것이 된 그리고 남의 눈에 띄지 않은 주변에 속한다.

그러나 이러한 규범들의 숫자는 우선 사람들이 추측하는 것보다 몇 배나 더 많을 뿐만 아니라 - 즉 논쟁문제의 숫자보다 훨씬 많다 - 대부분의 그러한 규범들이 가지는 정치적 의미도 월등하게 과소평가되는 경향이 있다. 사람들은 또한 그러한 규범들도 모두 역사가 있고, 논쟁을 통하여 쟁취된 것이며, 정의의 발전된 판단기준들이 그러한 규범들에 대한 역사적 토론을 기초로 하고 있다는 것을 숙고하지 않는다.

상대주의자들은 아마도 이러한 모든 규범들을 일반적으로 인정하는 데 대한 설명을 이해관계평가에 "우연히" 일치된 데서 구하는 경향이 있다. 그러나 가장 원시적인 이데올로기의 압력을 전적으로 배제하지 않는 법이성의 원칙은 원래 공통된 격률의 성립을 기대하게 한다. 왜냐하면 항상 사람들이 최고의 가치로 인정하는 것의 실현은 더 기본적인 이해관계가 그에 앞서 충족되는 것에 좌우되기 때문이다. 이제 이해관계가 더 기본적이면 더 기본적일수록 그만큼 더 이해관계를 함께하는 사람들의 숫자는 그만큼 더 많아지고, 가장 기본적인 이해관계는 모든 사람들에게 공통된다. 나무의 가지가 그런 것처럼 매우 다양한 더 고차적인 그리고 최고의 가치들은 공통된 기반을 기초로 하고 있다. 이러한 기반은 대강 다음과 같은 방법으로 형성된다.

다른 모든 이해관계의 기초가 되는 이해관계는 생명에 대한 이해관계와 폐질, 기아, 불구 등에 대한 이해관계이다. 그러므로 받기나 요구하기는 그것이 법공동체[19]의 구성원들을 살인, 방화, 강간, 그 밖의 가혹행위와 사고로부터 보호하기 위하여(형벌, 교통법규), 질병을 피하기 위하여(하수장치를 위한 조세나 부역, 의사의 진찰에 대한 수인, 예방접종, 전염병 환자의 분리), 자연재해를 피하기 위하여(제방건설을 위한 조세나 부역, 피뢰침과 방화벽 강제, 굴뚝 안전장치 및 그와 유사한 것들) 또는 충분한 의식주와 난방을 배려하기 위하여(관리, 사회급부를 위한 조세, 부양의무 등) 필요한 경우에는 항상 정당하다.

2차적으로는 그 내용이 생명, 질병, 기아의 위험에 직접 대처하지는 않으나 그것들에 대처하는 것이 간접적으로 이러한 위험들을 피하고 그와 동시에 또한 현저히 불쾌한 일을 피하거나 감소시키는 이해관계들이 중요하다. 이러한 이해관계에 속하는 것은 특히 약속을 신뢰하는 데서 가지는(계약이행의 강제), 권력관계와 재산관계의 현상을 변화시키는 데서 가지는(헌법, 물권법의 규정들), 생산과 교역을 가능하게 하고 용이하게 하는 데서 가지는(예컨대 도로를 건설하기 위한 수용권), 기초교육에 대해서 가지는(의무교육) 이해관계이다. 이러한 이해관계들의 특징은 그것들이 생명에 대한 이해관계를 기초로 하기 때문에 그러한 이해관계들을 충족시키기 위하여 필요한 받기나 요구하기는 직접 생명을 위험에 빠뜨려서는 안 되고, 그렇게 하면 부당한 것이 된다는 점이다. 모든 발전된 법질서는 그러한 점을 고려한다. 예를 들어 약속이행을 신뢰할 수 있는 데서 가지는 이해관계나 재산권의 보장에 대해서 가지는 이해관계는 생명유지와 건강유지에 대해서 가지는 이해관계에 대하여 우선순위에서 밀린다(압류에 대한 보호나

---

19) 특히 전체주의 국가들에서 대규모의 인간집단들이 법공동체로부터 배제되어 있다는 것은 또 다른 문제이다. 이에 대하여는 제33절 참조.

해약고지에 대한 보호 규정들 또는 민법의 긴급피난에 대한 규정들, 민법 제904조, 제228조).

3차적으로는 그것을 충족하는 것이 신체적으로 완전한 생존을 유지하는 데 필요하지는 않으나 아마도 그 밖의 다른 많은 - "더 고차적인" - 인간적 이해관계를 충족하는 데 필요한 이해관계들이 중요하다. 이러한 것들에는 예컨대 억압의 방지(기본권, 노동보호)와 생활수준(임금조정, 재산분배)에 대한 이해관계가 속한다. 이러한 이해관계 때문에 앞에서 언급된 이해관계들이 희생되어서는 안 되며, 그럴 경우에는 부당한 것이 될 것이다.

그러나 이곳에서 바로 모든 사람에게 곧바로 그러한 이해관계들이 매우 기본적이기는 하지만 그러한 이해관계들의 충족에 모든 것이 좌우되는 것이 명료하지 않은 영역이 펼쳐지기 시작한다. 그럼에도 불구하고 실제의 견해차이들은 최소한 원칙적으로 그리고 상당한 부분까지는 토론을 통하여 해결될 수 있다.

둘째로, 이론의 여지없이 유효한 법규범의 존재는 매우 크고 중요하다. 여전히 해결되지 않은 논쟁문제들과 현실성을 가지는 정치적 문제들은 매우 중요한 의미가 부여된다. 이제 이곳에서는 세계관적으로 결집된 갖가지의 집단들이, 모든 정치이데올로기들이 서로 필사적인 격투를 벌인다. 세계관과 이데올로기 문제에서는 객관적인 토론이 있을 수 없다는 것이 상대주의자들의 주요논거의 내용이다. 구체적인 정치적 논쟁문제들이 사회주의, 자유주의, 보수주의 사이에 성립하고 있는 원칙적인 문제들에 환원되면 상대주의자는 그러한 원칙적인 문제들은 토론될 수 없다는 결론을 내린다.

그럼에도 불구하고 이때 다음과 같은 것이 간과되고 있다. 경험적 지식으로 접근할 수 없는 것은 오직 형이상학적 질문들뿐이다. 세계관은 일부 피안(彼岸)에 대한 언표들로 구성되나, 그 나머지는 경험의 지배를 받는 현실에 대한 이론들로 구성된다. 마르크스주의와 같은 세계관은 도대체 경제학적, 인류학적, 역사적 이론들로 구성되나 – 피안에 대한 부정만이 형이상학적 이론이다 – 또한 교회의 차안(此岸)의 현실에 대한 많은 언표들은 – 갈릴레이 *Galilei*의 경우가 분명히 하듯이 – 사회이론과 정치이념에 속하며, 그 배경에는 다시금 인류학적 그리고 그 밖의 이론들이 있다. 바로 세계관의 "차안적" 구성부분은 대부분 법적으로 중요하다. 그러나 그것들은 토론 가능한 것들이다.

사람들은 논쟁문제를 그 정치적 논증연관으로부터 지나치게 분리시켜 관찰함으로써 논쟁문제의 토론가능성을 쉽게 잘못 생각한다. 어떤 경제정책적인 법률이 사회주의나 자유주의에의 경향을 강화하면 논쟁은 가교될 수 없는 것으로 생각된다. 실은 사람들이 사회주의나 자유주의의 입장 일반을 토론하는 방법으로만 논쟁은 토론될 수 있을 만큼만 원칙적이다. 그러나 그러한 일은 백년의 과정에서 행해진다. 인류학적, 경제학적 그리고 사회학적 사실은 지나치게 포괄적이고 복잡하며, 동시에 표어로 굳어진 의견들은 일반적으로 분리된 법률과 관련된 토론이 그 어떤 해결책을 가져올 수 있는 것 이상으로 지나치게 심사숙고되지 않았다. 토론이 원칙적으로 불가능하다는 추론은 수긍이 가지만 현실에는 맞지 않는다.

물론 세계관이 그 추종자를 논거에 대해서 무감각하게 한다는 것, 세계관에 의하여 설명된 현실에 대한 토론은 매우 어렵다는 것은 세계관의 본질에 속한다. 그리고 아마도 그 때문에 토론이 불가능하다는 가정으로 오도된다. 그러나 토론은 불가능한 것이 아니다. 즉 역사는 또한 세계관도 오랜 세월에 걸쳐 가르침을 받는다는 것을 보여준다. 예컨대 교회나 마르크스주의의 경험상 분명히 잘못된 구성부분은 매우 느리기는 하지만 결국은 포기된다.

그밖에도 이데올로기가 특정의 이른바 또는 현실적인 이해관계가 전적으로 기본적이다, 예컨대 민족의 계속존립은 "종족의 순수성 유지"나 "새로운 생활공간의 획득"에 좌우된다 또는 인간의 인간에 대한 모든 억압이 끝나는 것은 "생산수단에 대한 사유재산권의 폐지"에 좌우된다 등을 주장하는 것은 모든 이데올로기의 특징적 징표이다. 바로 그것은 다음과 같은 것을 입증한다. 그러한 이해관계를 위하여 다른 이해관계의 충족을 희생하고 인간들에게서 그러한 생각에 동의하고 그러한 일을 옳다고 간주할 마음의 준비자세를 얻고자 하는 자는 인간들로 하여금 중요한 것은 기본적인 이해관계라는 것을 신봉하도록 하지 않으면 안 된다.

셋째로, 많은 외견적으로는 세계관적 논쟁문제들은 실제로는 세계관과 전혀 관계가 없거나 적게만 관계가 있다. 정당의 홍보담당자들은 늘 모든 객관적인 견해의 다양성을 원칙적 세계관적 토론의 부분현상으로 부풀리는 데 노심초사하고 있다. 그러나 실은 종종 중요한 것은 정당을 지배하는 인사들의 우연하게 상이한 견해들일 뿐이다. 논쟁적인 규범이 정당투쟁으로 고양되면 그 규범은 외견적으로는 세계관의 문제로 된다. 그 규범이 객관적으로 토론되는 곳에서 - 예컨대 법적 그리고 여타의 전문잡지들에서 - 원저자의 세계관은 예외적인 경우에만 인식될 수 있다. 이는 세계관은 논쟁문제에 있어 대부분 전혀 어떤 중요성도 갖지 않는다는 것을 가리킨다.

넷째로, 견해의 다양성을 서둘러 세계관에 환원시키는 것은 또한 언제나 가장 편리한 방법이기도 하다. 그러한 방법은 추정컨대 그때그때의 이의를 진지하게 받아들여 숙고하는 찬성과 반대의 논의와 관련된 정신적 긴장을 면할 수 있게 한다.

다섯째로, 사람들이 병역의무의 정당성을 토론하면 문제가 발생한다. 병역의무는 군인이 전쟁이 발생할 경우 그의 가장 기본적인 이해관계 - 생명 - 를 걸 것을 요구한다. 적이 승리할 경우 자신이 속한 법공동체의 구성원의 생명이 어떻든 부정될 것이 기대된다면 병역의무의 정당성은 문제가 없다. 목숨을 걸어 생명을 구조하는 것은 이성적이다. 그 경우는 불난 집의 창문에서 위험하지만 뛰어내리는 것과 비교할 수 있다. 확실한 사망과 단지 개연성 있는 사망 사이에 선택하여야 한다면 이성은 개연성 있는 사망과 함께 가능한 구조를 선택한다. 그러나 사람들이 적이 승리할 경우 사망이 아니라 단지 법질서의 파괴, 억압, 착취 그리고 그와 비슷한 것들을 기대한다면 사람들은 그러한 것을 수인하는 것을 정당한 것으로 간주할 수 있을 것이다. 그리고 그와 같은 것을 피하기 위하여 가장 기본적인 이해관계, 즉 생명을 걸 것을 요구하는 것은 해명되어야 한다. 왜냐하면 그 경우 병역의무는 마찬가지로 더 기본적인, 그러나 생명에 항상 여전히 종속적인 다른 사람의 이해관계를 방어하기 위하여 생명을 걸 것을 요구하기 때문이다. 이곳에서 문제되는 것은 자발적으로 행해진 그러한 희생을 윤리적으로 평가하는 것이 아니라 단지 누군가가 자신의 의사에 반하여 법적으로 이러한 희생의 의무를 지는 것이 과연 그리고 경우에 따라서는 어째서 정당화되는가 하는 것이다.

병역의무는 법질서를 유지하는 것이 군인의 생명이 아니라 법질서 뿐만 아니라 또한 군인의 생명도 구조할 수 있다는 희망에서 그리고 그러한 기회가 있어서 군인의 생명의 위험이 희생되고 그리고 그러한 한에서만 정당할 수 있다. 생명과 법질서가 비교되는 것이 아니라, 한편에서는 법질서의 확실한 파괴가 다른 한편에서는 생명의 위험과 기회의 양자를 구하는 것이 비교되는 것이다. 그런데 생명과 위험은 비교될 수 없는 것이며, 양자를 형량하기 위한 경험적인 판단근거는 존재하지 않는다. 단지 병역의무를 성낭화하는 몇 가지 경계표시를 할 수 있을 뿐이다. a) 생명을 걸 의무는 원칙적·이성적으로 정당화될 수 있는 이해관계를 방어하는 데 이바지하여야 한다. 그렇지 않은 경우에는 생명을 거는 것은 모험가적 윤리나 국가이상주의에서 정당화될 수 있을 뿐 실리적인 이성에서 정당화될 수는 없다. 사람들은 기껏해서 인류학적 이론을 근거로 생명을 거는 것을 정당한 것으로 간주할 수 있을지도 모르며, 그 결과 그런 윤리에 대한 기본적인 이해관계가 성립한다. 그러나 그러한 인류학은, 일반적으로 학문적 토론에 나선다고 가정하면, 곤란한 입장에 처할 것이다. b) 생명을 거는 것만이 허용된다. 적을 만족시키고 그렇게 함으로써 덜 기본적인 이해관계를 보호하기 위하여 사람을 죽이는 것은 중립성의 원칙에 반하고 그렇기 때문에 부당하다. c) 생명을 걸기 위해서는 전쟁이나 적의 승리를 방지할 기회가 있어야 한다. 승산이 없는 전투에서 다른 인간들의 생명을 거는 것은 - 1945년 초에 그런 것처럼 - 어떠한 경우에도 부당하다.

여섯째로, 이해관계의 기초관계를 규정함에 있어 발생하는 외견적인 어려움은 다음과 같은 데, 즉 어떤 규범으로부터 발생하는 결과는 때로는 경험적으로 토론할 수 있는 것의 영역을 벗어난다는 데 있다. 예컨대 안락사의 허용 여부의 문제와 같이 그 결과는 형이상학이나 종교 또는 신지학(神智學)의 관점에서만 이해될 수 있다. 우둔한 바보의 생명은 - "현세의" 경험의 관점에서는 - 그 어떤 더 고차적인 발전에 기초가 되지 않는다. 오히려 바보의 생명을 유지하는 것은 공동체에 부담이 된다. 그렇게 본다면 안락사는 정당할 수도 있다. 그러나 다른 관점에서는 바보의 생명은 의미가 있으며 철두철미 기본적이고 그렇다면 안락사는 부당한 것일 수 있다. 이러한 양자의 관점은 경험지향적인 토론이 배제되어 있는 것으로 여겨진다.

비록 사람들이 안락사를 허용하는 규범의 피안적 결과에 대한 경험적 지식의 관점에서 전혀 긍정적인 것을 말할 수 없다 하더라도 사람들이 전혀 부정적인 것을 말할 수 있는 것도 아니다. "피안적인" 결과가 존재하지 않는다는 주장은 경험적 지식에서 유래하는 것이 아니라 그 자체가 형이상학적 이론이다. 엄격한 경험적 지식의 입장에서 보면 피안적 결과가 존재하지 않을 개연성과 피안적 결과가 존재할 개연성은 50대 50이다. 이와 같은 것을 또한 이미 브레히트 *Arnold Brecht*는 자세하고 설득력 있게 그리고 이러한 논리적 사실의 정치적 의미를 분석하였다.[20]

그러므로 사람들은 엄격한 경험적 지식과 논리학의 관점으로부터는 안락사가 정당한지 부당한지 여부를 알 수 없다. 사람들은 50%의 개연성을 가지고는 안락사가 부당하다는 것을, 50%의 개연성을 가지고는 공동체의 부담이 부당하다는 것을 고려하여야 한다. 이제 안락사가 부당하다면 안락사는 전적으로 기본적인 이해관계를 해치고, 공동체의 부담이 부당하다면 그러한 부담은 기본적이지 않은 이해관계를 해친다. 이성은 기본적이지 않은 이해관계보다 기본적인 이해관계를 해치는 것을 피할 것을 요구한다. 그러므로 안락사는 부당하다.

비슷한 방법으로 엄격한 경험적 지식과 논리학의 관점에서 그것에서 어떤 규범의 형이상학적 결과가 문제되는 모든 법적 문제가 토론될 수 있다.

물론 경험적으로 토론될 수 없는 법적 문제의 영역이 잔존한다. 그러한 한에서 상대주의는 정당하다. 그러나 일반적인 이론으로 고양된 상대주의는 비트겐슈타인 *Wittgenstein*이 "철학적 질병의 주요원인", 즉 "편식, 사람들은 자신의 사유에 한 종류의 예만을 제공한다"[21]이라 부르는 오류를 범하였다.

균형을 재정비하는 이 상론의 의미는 법정책적 문제들의 훨씬 압

---

20) Politische Theorie, Kap. XIII, S. 550ff.
21) Philosophische Untersuchungen I, Nr. 593.

도적인 영역은 토론이 가능하다는 것을 가르쳐주고 왜 사람들이 그렇게 쉽게 법정책적 문제들에 대하여 잘못 생각하고 왜 이러한 잘못된 생각이 그렇게 대단히 만연된 선입견으로 경화될 수 있었는가에 대하여 설명하려는 것이었다.

제28절 "정의로운"과 "정당한"의 관계

정의로운 결정에 대한 이해관계는 확실히 기본적인 것이나, 그것은 더 기본적인 이해관계와 충돌할 수 있다. 그 경우 정의로운 결정에 대한 이해관계가 양보하는 것이 정당하다. 일련의 그러한 사례들은 제8절에서 열거되었다. 예를 하나 들어보자. 정의롭지 않은 판결이 법적으로 유효하게 된다. 법적 분쟁은 특정의 시점에서는 중지될 것을 요구하는 법적 안정성에 대한 이해관계가 정의로운 결정에 대한 이해관계의 기초가 되어야 하기 때문에, 그러한 것은 정당하다. 왜냐하면 기판력이 없다면 그때그때의 패소자는 끊임없이 계속하여 소송을 할지도 모르기 때문이다. 정의로운 결정의 전제는 일반적으로 결정이 내려진다는 것이다. 그러므로 기판력에 대한 이해관계는 정의로운 결정의 기초가 된다. 이는 기판력에 대한 이해관계가 정의로운 결정에 대한 이해관계보다 한층 더 기본적이라는 이야기이다.

안정성과 정의의 관계의 문제는 이러한 숙고를 근거로 해결된다. 일반적으로 사람들은 양 원리 사이에서 이율배반적 긴장을 탐지하는 반면 엠게 A. Emge[22]는 그의 "직접적 올바름"(direkte Richtigkeit)이론에 의하여 그러한 긴장을 지양하고자 한다. 대답은 다음과 같다. **정의로운 것**은 안정성과 충돌할 수 있으나, **정당한 것**은 모든 이해관계를, 그러므로 또한 정당성에 대한 이해관계를 고려하고 포함하여야 한다. 그러므로 법적 안정성과 정의로운 것 사이에는 충돌이 있을 수 있으나 법적 안정성과 정당한 것 사이에는 충돌이 발생하지 않는다.

과연 그리고 어느 범위에서 정의가 **의당** 실현**되어야** 하는가와 그러한 일이 철학적으로 어떻게 정당화되어야 하는가라는 문제는 그 자체로서 이 논문의 주제 밖의 문제이다. 그러나 정의로운 것과 정당한 것의 관계와 관련하여 다음과 같이 이야기할 수 있다. 볼프 *Wolff*가 표현하듯이[23] 당위의 원칙이 규범 내에서 발견되어야 하고 그때그때 객관적으로 더 가치 있는 이해관계를 우선시해야 한다면, 이미 이러한 것으로부터 정의로운 것은 정언적으로 의당 행해지고 있는 것일 수 없다는 것이 분명하다. 왜냐하면 정의로운 것에 대한 이해관계가 객관적으로 더 가치 있는 이해관계와 충돌한다는 것을 생각할 수 있기 때문이다. 정당한 것과 관련해서는 사정이 다르다. 또한 이곳에서도 이해관계의 객관적인 가치를 형량하는 것이 중요하다. 그러나 그와 동시에 중요한 것은 볼프의 정식에 따르면 의당 행해져야 하는 것은 정당한 것을 하는 것이 아니라 부당한 것을 하는 것을 포기하는 것이다. 이러한 소극적인 형식을 통하여 당위는 정언적인 것의 성격을 내포한다는 것이 비로소 가능해진다.[24] 그러므로 정의로운 것과 정당한 것이 충돌하는 경우에는 정의로운 것이 아닌 정당한 것만이

---

22) Sicherheit und Gerechtigkeit, in: Abhandlungen der Preuß. Akad. d. Wissenschaft, Jg. 1940, Philos.-hist. Klasse, Nr. 9; Rechtsphilosophie, S. 155ff.

23) Principium juris, S. 112.

24) "그러므로 모든 당위는 … 무가치를 배제할 것을 지향하나 적극적인 가치를 정립할 것을 지향하지는 않는다."(Scheler, Formalismus, S. 223)

의당 행해져야 한다. 정당하지 않은 것을 하는 것을 의당 피해야 한다면 예컨대 그렇게 정의로운 판결도 집행되어서는 안 된다. 그렇지 않을 경우 채무자의 생활이 파괴되고 그럼으로써 모든 이해관계 중 가장 기본적인 이해관계가 침해될지도 모른다. 이러한 생각은 우리 소송법의 채무자보호와 압류제한에 관한 규정들에서 구체화되었다.

위의 정의롭지 않은 판결의 예에서 의당 기판력이 존재하여야 한다는 것이 (그러나 이에 대해서는 제29절 참조) 유효하다. 다른 예를 들어보자. 사람들은 형벌이 정의로울 수도 있지만 – 왜냐하면 수형자가 실제로 그 정도로 형벌을 받을 만하기 때문에 – 예컨대 형벌이 공동체가 처벌에 대해서 가지는 이해관계를 충족시키는 데 필요하지 않기 때문에 형벌이 정당하지 않은 경우를 쉽게 생각할 수 있다. 이 경우에는 형벌이 의당 존재하여야 한다는 것은 유효하지 않다. 이러한 관점은 경우에 따라서는 사형에 대한 토론에서 어떤 역할을 수행한다. 사형이 그 목적을 달성하기보다는 오히려 그와 반대로 중범죄자에게 심층심리학적 유혹을 느끼게 한다는 이론[25]이 옳다면 심지어 범죄가 "사형에 처할 만하더라도" 사형은 정당하지 않고 의당 존재해서는 안 된다.[26]

정당한 것의 판단기준이 말하는 것은 바로 어떤 행위가 이성적인가이며, 이성적이란 공동체의 관점에서 볼 때 이성적인 것을 말한다. 정당한 것은 공동체의 이성이다.

사람들은 "정의로운 것"에 대해서는 그렇게 말할 수 없다. 정의로운 것에 대해서는 기본적인 이해관계가 성립되어 있으나, 그러한 이

---

25) 이 주제에 대하여는 Düsing, Abschaffung der Todesstrafe.
26) 그와 같은 숙고로부터 형벌 일반이 의문시될 수 있다는 것을 볼프는 델 베키오 *del Vecchio*의 책에 대한 서평의 결론에서 암시하고 있다(ZStW 110, 1954, S. 378).

해관계는 또한 그 자체가 (다른 이해관계에 의하여 - 역자) 기초된 이해관계이기 때문에 그러한 이해관계를 포기하는 것이 이성적일 수 있다. 그러므로 볼프가 말하는 정언적 당위는 다름 아닌 - 어째서 도덕률 일반이 아닌 오직 법원칙만이 정언적 당위를 말하는가 하는 개인이 아닌 공동체의 - 이성의 목소리가 분명하다.[27] 그러므로 사람들은 법원칙을 또한 다음과 같은 공식으로 표현할 수 있다. 공동체적 이성에 따라 행동하라.

이제 정언적 원칙들의 고향은 이성이므로 사람들은 정언적 당위의 목소리를 자신 안에서 듣기 위하여 이미 이성에 따라 행동하여야 한다. 이성에 반하는 것을 의욕하는 자는 이성에 반하는 것을 이성적인 것으로 거부한다. 이렇게 숙고하면 법이 위태로운 처지에 있다는 것이 분명해진다. 이성이 지배하는 곳에서만 법이 지배한다. 그러나 사람들은, 그가 이미 이성적이라는 것은 전제될 수도 있기 때문에, 누구와도 이성에 대하여 논거를 가지고 설득할 수 없다.[28] 그러므로 사람들은 교육과 전파에 의하여만, 사회적 관계를 견고하게 하고 선동정치가들과 투쟁함으로써만 "이성의 풍토"를 넓힐 수 있다. 정치적으로 관철되는 이성에 대한 모든 공격 - 광신, 낭만주의, 증오, 신화 - 은 법을 파괴하는 것으로 끝난다.

---

27) Wolff, Principium juris, S. 112.

28) 어떻게 무법상태가 발생하는가에 대한 최선의 설명을 법파괴자 스스로가 하고 있다. 예컨대 사람들은 Erich Koch, Die NSDAP, Idee, Führer und Partei, S. 11f. 에서 다음과 같은 문장들을 발견하게 된다. "(국가사회주의의) 세계상은 철저하게 비합리적이고 오늘날까지 전적으로 일관되게 종교적으로 부활되었다. … 그렇기 때문에 나치당원에게는 또한 논거보다 상징이 더 강력하다. … 그렇기 때문에 나치즘의 영원한 어제의 적은 나치즘을 '낭만주의'라 꾸짖는다. 당연하다!" 또한 공산주의적 테러도, 예컨대 마르크스 이데올로기의 합리적 요소가 아닌 비합리적 요소의 결과일 뿐이다.

제4부

그 밖의 판단기준

제1장

그 밖의 표현들

제29절　형평에 맞는 – 형평에 맞지 않는

"x는 형평에 맞는다"라는 명제에서 x는 받기, 요구하기 또는 거절하기를 하지 않기이다. 예컨대 형벌을 형평에 맞는다고 부르지는 않으나 아마도 무죄판결은 형평에 맞는다고 부른다. 또는 형벌을 감경하는 사실은 형평에 맞는다고 부른다.

받기, 요구하기 또는 거절하기를 하지 않기는 그것이 정의로울 **뿐만 아니라** 정당한 경우 형평에 맞는다.

이러한 확인은 "정의로운"과 "형평에 맞는"이 동의어가 아니고 예컨대 전적으로 동시에 정의로우면서 부당할 수 있다는 인식을 전제한다. 이러한 인식이 아직 설명되지 않은 곳에서는 사람들이 "형평"이란 표현의 의미를 "x는 형평에 맞는다"와 "x는 정의롭다"는 다음과 구별된다고 다른 말로 바꿔 쓰곤 하였다. 즉 사람들은 "x는 정의롭다"로써 생각되는 "일반적 정의"와는 반대로 "x는 형평에 맞는다"는 특수한 "개별적 정의"를 나타낸다고 이야기하였다.[1] 그러나 사람들이 우리의 언어사용을 고집한다면 이는 정확하지 않다. 그와 동시에 사람들은 어떤 실정법의 규범이 지나치게 세분화되지 않았기 때문에 그 규범을 구체적인 사례에 적용할 경우 부당한 것으로 입증되는 사례를 염두에 둔다. 그 경우 법률을 심사하는 이성은 정당한 규범을 찾는다. 그렇기 때문에 라드브루흐 *Radbruch*는 다음과 같이 말한다. "형평은 개별 사례에서 자기 자신의 법칙을 찾는다. 그러나 동시에 그 법칙은 결국 일반적인 법칙으로 고양되어야 한다."[2] 그러므로 그러한 한에서 형평에 맞는 결정에서 보이는 것은 다름 아닌 정당한 결정이다. 그와 동시에 형평에 맞는 결정이 또한 정의로워야 한다는 것은 고려되지 않는다. 결정이 정당하기만 하고 정의롭지 않다면 우리는 그 결정을 형평에 맞는다고 부를 수 없다.

"x는 형평에 맞는다"라는 표현이 주로 적용되는 곳은 x가 정의롭고 동시에 정당하다는 것을 명시적으로 강조하는 것이 특히 도움이 되는 사례들의 경우이다. 일반적으로 정당한 원칙규범이 정의롭지 않은 결정의 원인이 되기 때문에 그 규범이 예외적으로 부정당하게 되는 그리고 그러므로 예외규범이 정의로운 결정의 원인이 되고 그리고 그렇기 때문에 정당한 경우가 바로 그러한 경우이다.

다시 한 번 정의롭지 않은 판결이 기판력을 가지는 예를 이용하기로 하자.

법적 안정성에 대한 이해관계가 정의로운 결정에 대한 이해관계의 기초가 되기 때문에 그것은 정당하다. 그러므로 법적 안정성에 대한 이해관계는 필연적으로 정의로운 결정에 대한 결정보다 더 기본적이다. 그와 동시에 정의롭게 결정된다는 것이 확실히 개연성이 있다는 것은 당연히 전제되어 있다(왜냐하면 기판력은 바로 정의로운 결정에 대한 이해관계의 충족을 의당 가능하게 해야 하기 때문이다). 예외적

---

1) 예컨대 Rümelin, Die Billigkeit im Recht.
2) G. Radbruch, Rechtsphilosophie, S. 127.

인 사례들에서 정의로운 결정이 전혀 가능하지 않거나 매우 개연성이 적다면 정의로운 결정은 일반적으로 결정된다는 것에 좌우되지 않는다. 그러므로 기판력에 대한 이해관계는 더 이상 정의로운 결정에 대한 이해관계의 기초가 되지 않는다. 오히려 이러한 경우에는 기초관계가 전위(轉位)된다. 즉 정의로운 결정은 재심에 좌우된다.

그렇게 되면 기판력에 대한 이해관계는 더 이상 기본적인 것이 아니다. 기판력의 원칙들을 어기고 예외규범들에 효력을 부여하는 것이 이성적이다. 그렇기 때문에 재심사유로는 결정이 정의롭지 않았다는 데 대하여 고차적인 개연성을 정당화하는 그러한 상황만이 항상 고려된다. 우리 소송법에서 재심에 관한 규정들은 전형적인 "형평성"규정들이다. 즉 정의롭지 않은 결정은 원칙규범을 예외적으로 부당한 것으로 생각되게 한다. 예외규범은 그것이 정의로운 결정으로 이끌기 때문에 정당하다. 이곳에서 정의로운 것은 정당한 것과 일치한다. 그러나 그러한 일은 예외적으로만, 원칙을 어김으로써만 가능하다.

신의성실의 원칙과 압류보호에 관한 원칙들, "완화적 상황"과 유사한 형평성규정들에 대한 원칙들에서도 사정은 마찬가지이다. 즉 항상 일반적으로 정당할 수도 있는 것은 **예외적으로** 정당하지도 정의롭지도 않다. 그 대신 예외가 정당하고 정의롭다.

그러나 원칙을 어기지 않으면서 받기, 요구하기 또는 거절하기를 하지 않기가 정당하고 정의로운 사례들에서도 "형평에 맞는"이란 표현의 사용은 의미 있게 가능하고 널리 행해진다. 즉 예컨대 사람들은 정의롭고 정당한 모든 판결을 사람들은 "형평에 맞는다"고 부른다.

형평의 판단기준에 대해서는 더 이상 말할 필요가 없다. 즉 정당한 것의 판단기준과 정의로운 것의 판단기준도 마찬가지이다.

제30절 나머지 표현들

"x는 적법하다"(rechtgemäß, rechtmäßig, rechtens)는 표현들은 일반적으로 x가 실정법에 일치한다는 것을 의미한다. 그러한 한에서 명제가 참이라는 것을 판단하는 기준은 실정법의 결과이며 이러한 전후관계에서 관심을 가질 필요가 없다.

때로는 "적법한"은 또한 "부당한"과는 반대로 "정당한"과 동의어로 이해된다. 이 경우에는 제3부에서 상론된 것들이 해당된다.

"A(누군가)에게 x가 발생한 것은 정당하다"는 "x는 A에게 정당하다"와 같은 것을 의미한다. 그러므로 A에게 x는 받기, 요구하기 또는 거절하기이다. 표현방법상 충족이나 심지어는 남의 불행을 기뻐하는 마음을 강조하는 것에 대해서는 관심을 가질 필요가 없다. 명제의 참을 판단하는 기준은 정의에서와 같다.

"x는 A에게 정의롭다"라는 명제에서 A는 인간, 인간의 행위 또는 인간에 의하여 발생된 것을 표시하고, x는 A의 가치에 대한 판단이나 판단자 자신을 표시하거나 가치판단을 정당화하는 데 적합한 언표를 표시한다. "x는 A에게 정의롭다"라는 명제는 가치판단이 참이면 참이고, 가치판단이 거짓이면 거짓이다. 그러므로 참을 판단하는 기준은 "x는 A에게 정의롭다"라는 명제의 판단기준과 일치한다. 이곳을 참조할 수 있을 것이다.

"A(누군가)는 옳다"라는 명제는 그것이 위치한 전후관계에 따라 다음과 같은 것을 의미한다.

A가 특정의 것을 받거나 요구하거나 거절하는 것은

a) 실정법과 일치한다.

b) 정의롭다.

c) 정당하다.

이곳에서도 판단기준에 대하여는 그에 상응하는 절들을 참조할 수 있다.

"A는 옳다"라는 명제는 A의 행위는 정당하다와 같은 것을 의미한다.

제2장

사실상의 진실

제31절 사실상의 진실

아직도 정의의 판단기준으로부터 더 이상의 명제들을 - 그리고 그
것도 형식적인, 절차적인 성격의 - 도출하여 보완하는 일이 남아 있
다. 모든 언급된 판단기준들은 사실적인 것을 참조할 것을 명한다. 그
러므로 그러한 판단기준들의 적용은 개별적인 경우에 예컨대 행위와
그 특수한 상황의 존재에 대하여 경험적인 객관적 진상규명을 요구한
다. 진실을 발견하는 데는 이제 경험에 따를 때 온갖 위험, 즉 피상
성, 선입견, 격정적인 편파성, 이러저러한 결과에 대한 이해관계 등이
존재한다. 이러한 위험들은 그에 상응하는 진실발견의 절차를 체계화
하는 원칙들을 통하여 감소된다. 그렇게 사람들은 법관과 원고 그리
고 법관과 피고의 분리(누구도 자기 자신의 사건에서 법관일 수 없
다), 심급을 통한 통제, 공개주의, 배석판사의 참여, 법관의 독립, 기피
선언, 입증원칙, 양당사자의 경청 등과 같은 원칙들을 만나게 된다.
이러한 원칙들은 정의의 개념으로부터 발전된 판단기준들과 같은 구
속력을 갖지는 않는다(.) - 사람들은 경우에 따라서는 또한 법관으로

서 자기 자신의 사건에서 정의로울 수도 있고 단지 자백이나 2명의 증인만을 요구하는 소박한 입증원칙으로써 진실을 발견할 수도 있다 - 그러나 그러한 원칙들은 진실발견의 **개연성**을 높인다. 그리고 이와 같은 것은 주관적 생각의 문제가 아니라 경험적 지식의 문제이다.

정의의 판단기준이라는 것이 도대체 존재하지 않는다고 주장하는 상대주의자는 또한 이러한 형식적 원칙들을 그 자체 상대적 효력만을 가진 것으로 거부할 수밖에 없다. 왜냐하면 그 정의에 대하여 절대적인 것을 아무것도 - 전혀 아무것도 - 발견할 수 없는 판결이라면 그 기초를 이루는 사정이 사실과 일치하고 결과적으로 또한 어떤 방법으로 그러한 일이 발생하였는가 여부는 중요하지 않기 때문이다. 그러나 이제 정의의 판단기준이 존재한다. 그것을 적용하기 위해서는 개별 사례에서 정확한 진상규명이 요구된다. 그렇기 때문에 진실발견의 개연성을 제고하는 원칙들은 단순한 생각으로부터 독립된 정의의 요청이다.

이로부터 도출된 판단기준으로서 다음과 같은 것이 분명해진다.

절차규범들이 정의의 실질적 판단기준들을 적용함에 있어 사실상의 오류의 개연성을 감소시킬수록 그만큼 그러한 규범들은 정의를 더 많이 충족시킨다.

제3장

평등

제32절 평등취급의 원칙

다음과 같은 문제들, 즉 얻어진 결과와 평등원칙은 어떤 관계에 있는가, 평등원칙은 자체로서 정의의 판단기준인가, 평등원칙은 발전된 판단기준들에 의하여 정당화될 수 있는가 등이 특별히 검토될 가치가 있다. 왜냐하면 평등의 원칙은 정의의 바로 결정적인 징표는 아니라 하더라도 정의의 결정적 징표의 하나라는 것은 대체로 자명한 것이기 때문이다. 평등의 원칙은 정의의 판단기준에 대한 질문에 주어지는 최초의 정보이다.[3]

---

[3] Hans Nef, Gleichheit und Gerechtigkeit; Robert Briner, Zur Funktion der Gleichheit in der menschlichen Gesellschaft; Werner Böckenförde, Der allgemeine Gleichheitsstatz und die Aufgabe des Richters와 Gerhard Leibholz, Die Gleichheit vor dem Gesetz에 있는 설명들 참조.

넬슨 *Nelson*은 손쉽게 다음과 같이 정의한다. "정의는 바로 인격적 평등을 의미한다."(System der philosophischen Rechtslehre und Politik, S. 85.) 정의를 이야기할 때면 항상 즉시 평등을 생각하는 것이 어느 정도까지 자명한 것으로 되었는가를 "일반적 평등원칙과 법관의 임무"에 관한 뵈켄푀르데 *Werner Böckenförde*의

평등의 문제와 관련해서 항상 되풀이하여 등장하는 많은 어려움들은 사람들이 "평등원칙"이란 명칭으로 이해되는 두 개의 상이한 명제를 엄격히 분리한다면 피할 수 있다. 사람들은 그 두 명제를 "평등취급의 원칙"과 "인간평등의 원칙"이라 부를 수 있다.

평등취급의 원칙은 모든 권리주체는 의당 평등하게 취급되어야 한다고 말한다.

인간평등의 원칙은 모든 인간은 의당 권리주체이어야 한다고 말한다.

이곳에서는 우선 평등취급의 원칙을 관찰할 것이다. 인간평등의 원칙에 대해서는 다음 절에서 다룰 것이다.

평등취급의 원칙은 좀 더 정확하게는 다음과 같은 것을 내용으로 한다. 동일한 사안은 동일한 법적 결과를 가져야 한다. 또는 어떤 사람도 자의적으로 특권이 주어지거나 불이익을 받아서는 안 된다. 또는 (라드브루흐의 표현으로는[4]) 모든 것은 동일한 척도로 측정되어야 하며, 평등한 것은 평등하게, 불평등한 것은 불평등하게 취급되어야 한다. 또는 (넬슨의 표현으로는[5]) 개별적 인격들의 숫자상의 확실성에 의한 모든 특권은 배제되어야 한다.

매우 교훈적인 박사학위논문 중의 한 예가 보여준다. 그 저자는 - 토마스 아퀴나스 *Thomas von Aquin*를 해석하면서 - 조세법이 공동체의 이해관계를 위해서 필요한 것 이상의 조세를 요구한다면 조세법이 정의롭지 않다고 이야기하고자 한다. 그는 공공복리라는 이해관계에 필요한 과세와 실제의 과세 사이에 평등이 성립하지 않으면 조세법은 정의롭지 않은 것이라고 이야기한다. 이러한 이야기를 그가 하는 이유는 토마스의 다음과 같은 정의에 근거가 있다. "정의는 양 당사자에 대한 평등이다"(Iustitia … aequalitas ad alterum est)(Summa theologica II, II 57 1 co).

4) Rechtsphilosophie, S. 125; Neue Parteien - Neuer Geist, S. 353; Minuten Rechtsphilosophie, S. 336.

5) a. a. O., S. 85.

이러한 원칙을 준수하거나 침해하는 것은 정의롭거나 정의롭지 않을 수 있지만 또한 정당하거나 부당할 수도 있다. 이 원칙은 의당 양자의 관점에서 따로 평가되어야 한다.

a) 받기, 요구하기 또는 거절하기가 **정의로운가** 또는 **정의롭지 않은가** 여부는 구체적인 가치 있음의 문제에 좌우되며, 구체적인 가치 있음은 – 예컨대 어떤 행위가 형벌을 받을만함 – 전적으로 개별적으로, 즉 다른 사례들과 비교 없이 결정된다. 이미 앞의 제22절에서 논의되었듯이 많은 법철학문헌의 기본적인 오류는 무엇이 정의롭고 정의롭지 않은가라는 문제를 오직 분배에만 관련시키는 데 있다. 평등취급의 원칙에 부여되는 매우 커다란 의미는 이러한 오류와 관련되어 있다. 즉 사람들은 최소한 두 사람 사이에서만 분배할 수 있고 평등하게 취급하거나 불평등하게 취급하는 것은 마찬가지로 사람들이 서로 비교할 수 있는 최소한 두 가지 사례가 존재한다는 것을 전제한다.

그런데 평등취급의 원칙을 대변하는 그 누구도 이 원칙을 글자 그대로 받아들이지 않는다는 것은 이상한 일이다. 어쨌든 누구도 그 원칙으로부터 분명하게 될 결론을 이끌어내지 않는다.

첫째로, 이 평등원칙으로부터 우리는 법을 개정해서는 안 된다는 결론이 나온다. 새로운 법률은 새로운 법률상의 구성요건을 서술하고 법적 결과를 새로운 법률상의 구성요건에 결합함으로써 새롭게 등장한 사회적, 경제적, 기술적 사실들을 고려해도 된다. 그러나 특정의 구성요건이 특정의 법적 결과에 일단 귀속되면 그 결과는, 예컨대 살인자가 사형이 폐지되면 이전과는 달리 취급되는 것처럼, 인간들이 법률이 개정된 후에는 동일한 행위에 대하여 이전과는 달리 취급된다는 것이다. 그러므로 평등한 것이 불평등하게 취급되는 것이다. 그러나 알려져 있는 한 평등원칙을 주장하는 자 가운 데 누구도 언젠가 모든 법률개정을 원칙적으로 정의롭지 않은 것으로 낙인찍은 적은 없다.

둘째로, 평등취급의 원칙으로부터 어떤 행위의 정의는 언제나 다른 사례들의 행위와 비교를 통해서만 판단될 수 있다는 결론이 나온다. 그러니까 어떤 행위가 다른 행위와 비슷한가 또는 비슷하지 않은가가 문제된다. 발생하는 사례가 이제까지 있었던 모든 사례와 다르다면 그 사례는 또한 다르게 취급되어야 한다고 말할 수 있을 뿐이다 – 임의에는 어떠한 한계도 없다. 중요한 것은 단지 동일한 사례가 장래에 발생할 때마다 처음 발생했을 때와 마찬가지로 결정되는 것일 뿐이다.

그러나 이는 매우 황당무계한 원칙이라도 시종일관되게 실행된다면 정의와 일치한다는 것을 의미한다. 만일 개별적인 사람들에게 특정의 선택원리 없이 특별세가 부과된다면 이러한 일은 정의롭지 않은 일일 것이다. 그러나 전화번호가 "3"으로 끝나는 모든 사람들에게 특별세가 부과된다면 이러한 일은 정의로운 일일 것이다. 이러한 생각은 농으로 하는 것이 아니다. 물론 세금을 전화번호에 의존하게 하는 것은 황당무계한 일이다. 그러나 평등원칙은 왜 황당무계한 일이 의당 허용되어서는 안 된다는 것에 대해서도, 황당무계한 일과 이성적인 일의 경계는 어디에 있는가에 대해서도 이야기하지 않는다. 법적 결과로서의 정치적 박해가 특정 인종에 속하여 있다는 구성요건과 결합되어 있고 이러한 인종에 속하는 모든 자들이 똑같이 박해를 받고 있다면 평등원칙에 따라 정의에 충분한 것이 행해지고 있는 것이다.[6] 그러나 평등취급의 원칙을 주장하는 자는 아마 누구도 이러한 이야기를 하려고 한 적이 없다.

---

6) Leibholz, a. a. O., S. 253, Fußn. 3.

셋째로, 아직까지는 불평등한 것은 불평등하게 취급되어야 한다는 생각을 철저히 추적한 사람이 아무도 없다. 예컨대 폭행은 물론 사기를 그때그때 1년 징역형에 처하는 데 반감을 가지는 자도 없다. 그와는 반대로 사람들은 그러한 종류의 불평등은 도외시해도 되고 도외시하여야 한다고 생각한다.

그와 함께 어떤 불평등이 "그러한 종류의" 것인가라는 문제가 발생한다. 그러나 그에 대하여 평등취급의 원칙은 어떤 대답도 주지 않는다. 라드브루흐는 이 원칙을 다음의 예를 통하여 구체적으로 설명한다. 정적을 살해하는 것은 존경의 대상이 되나 정치적 신조를 같이하는 동지를 살해하는 것이 비난의 대상이 된다면 그것은 정의도 정당도 아니다.[7] - 그러나 정적과 정치적 신조를 같이하는 동지는 동일하지 않고 그들은 정치적 신조에 의하여 구별되므로 전자를 살해하는 것과 후자를 살해하는 것은 동일한 것이 아니다. 그러므로 사람들은 평등취급의 원칙을 적용함에 있어 전자는 정의로운 것으로, 후자는 정의롭지 않은 것으로 간주할 수도 있다.

그러므로 평등취급의 원칙에서 출발하는 정의론은 다음과 같은 문제를 설명하여야 한다.

첫째, 그럼에도 불구하고 평등한 것을 불평등하게 취급하는 것이 어째서 정의로울 수 있는가,

둘째, 그럼에도 불구하고 평등한 것을 평등하게 취급하는 것이 어째서 정의롭지 않을 수 있는가,

셋째, 그럼에도 불구하고 평등하지 않은 것을 어째서 그리고 어느 정도까지 평등한 것으로 간주하여야 하는가.

이러한 질문들에 대하여 대답이 발견되기는 하지만, 그 대답은 평

---

7) Rechtsphilosophie, S. 336.

등취급의 원칙으로부터 주어지는 것이 아니라 어떤 다른 곳에서 찾아야 한다. 사람들이 이러한 대답을 찾으려고 노력함으로써 사람들은 정의에 대한 문제로써 제기된 본래의 문제에 봉착한다. 그러므로 평등취급의 원칙은 분명코 정의의 본질을 형성할 수 없다. 그와는 반대로 그 원칙이 도대체 문제를 해결하는 데 방법론적으로 유리한 실마리를 제공하는지 여부, 오히려 그 원칙에 의하여 발생되는 문제들이 불필요한 것이 아닌가, 즉 오류의 결과가 사후적으로 시정되어야 하는 것이 아닌가 하는 여부가 의문시된다.

그러나 그럼에도 불구하고 평등원칙에 그렇게 끈질긴 생명력과 그렇게 커다란 설득력을 부여하는 것은 진실된 핵심이다. 이 핵심은 바로 모순명제에 있다.

두 개의 서로 모순되는 명제 가운데서 최소한 한 명제는 거짓이어야 한다. 어느 특정된 사례에서 어느 특정된 행위가 정의롭다면 동일한 사례가 다시 발생하는 경우에도 물론 그 특정된 행위도 또한 정의롭다. T라는 어떤 행위에 대하여 S라는 형벌을 부과하는 것이 오늘 정의롭다면 T에 대하여 S를 부과하는 것은 내일도 정의롭다. 이는 자명한 것이다. 그러나 이제 두 개의 동일한 사례를 상이하게 취급한다면 최소한 한 개의 사례는 정의롭지 않게 취급되고 있는 것이 분명하다. 두 개의 사례 중 어떤 사례가 그러한가는 말할 수 없다. 두 개의 사례가 모두 정의롭지 않게 취급될 수도 있다. **차별취급은 정의롭지 않음을 나타낸다.** 그러므로 평등취급의 원칙은 정확하게는 다음과 같은 내용이다.

두 개의 동일한 사례를 차별 취급하는 것은 두 개의 사례 중 최소한 하나의 사례를 정의롭지 않게 취급하는 것을 나타낸다.

평등취급의 원칙이 모순명제에 환원된다는 확인은 한편으로는 그것이 내용이 없다는 것을, 다른 한편으로는 그것이 전파된 이유와 라드브루흐와 같은 상대주의자들에게도 평등취급의 원칙에서 정의의 본질을 탐지하였다고 믿게 하는 설득력을 가지는 이유를 설명해준다.

평등취급원칙의 내용은 이곳에서 다하므로 또한 위에서 인용된 상상 속의 모순은 실제로 모순이 없고 이해할 수 있다.

첫째, 법률의 개정은 확실히 선법이건 후법이건 두 개의 법률 중 하나가 정의롭지 않다는 것을 나타낸다. 선법이 정의롭지 않았고 바로 그렇기 때문에 개정되어야 한다고 사람들이 생각할 뿐이다.

둘째, 불평등취급은 정의롭지 않음을 나타내나 평등취급은 반드시 정의를 나타내지는 않기 때문에 두 개의 사례가 정의롭지 않게 취급된다면 동일한 것을 평등하게 취급하는 것은 정의롭지 않을 수 있다.

셋째, 무엇을 동일한 것으로 그리고 무엇을 동일하지 않은 것으로 간주하는가는 "동일한 것을 불평등하게 취급하는 것은 정의롭지 않음을 나타낸다"는 명제에 전제되어 있지 그 명제에 의하여 정의되지 않는다. 그러므로 평등취급의 원칙은 어느 정도까지 동일한 것을 동일하지 않은 것으로 간주하여야 하는가라는 문제를 미해결로 남겨둘 수 있고 또 당연히 그래야 한다.

평등취급의 원칙은 동일한 것을 불평등하게 취급하는 것은 정의롭지 않음을 나타낸다는 정식에서 그 의미를 다하기 때문에 그 원칙은 개별적인 사례에서 무엇이 정의롭고 정의롭지 않은가라는 문제는 다른 관점에 따라 결정된다는 것을 전제한다. 그러나 평등취급의 원칙은 그 자체 정의의 판단기준, 즉 또한 다른 판단기준이 존재하지 않는 사례들에서 적용될 수 있는 소극적 판단기준이다. 물론 그 원칙은 단지 두 개의 사례 중 한 사례가 정의롭지 않게 취급된다는 것을 이야기할 뿐 두 개의 사례 중 어떤 사례가 정의롭지 않게 취급된다는 것을 이야기하지 않는다는 점에서 불완전한 판단기준이다.

b) 받기, 요구하기 또는 거절하기가 **정당한가** 또는 **부당한가** 여부

는 받기, 요구하기 또는 거절하기의 기초가 되는 규범과 그와 반대되는 규범이 어떤 결과를 가져오고 두 개의 규범 중 어떤 규범이 더욱 포괄적인 이해관계를 충족시키는가에 달려 있다. 이곳에서 평등취급의 원칙은 두 개의 상이한 관계로 나타난다.

규범만이 공동생활에 질서를 부여할 수 있고 질서는 모든 그 밖의 이해관계충족을 위해서 기초가 되기 때문에 우선 규범의 결과가 화제가 된다. 규범은 추상적이고 일반적인 효력을 가진다. 즉 "어떤 특정의 사안이 존재할 때마다 이러저러한 절차를 밟게 된다." 또한 실정법문이 문제되지 않고 개별적인 받기, 요구하기 또는 거절하기가 문제되는 경우에도 그러한 것을 정당화하는 데는 바로 그러한 것의 반대 – 허용 – 가 선결례적 효력을 가지는 것처럼 그러한 것이 선결례적 효력을 가진다는 생각이 기초를 이루고 있다. 즉 "우리가 이곳에서 그러한 절차를 밟으면 우리는 항상 그러한 절차를 밟아야 한다."

"사례가 이러저러할 때마다 언제나"라는 언표는 그러니까 이미 평등취급의 원칙을 포함한다. 그러한 한에서 평등취급의 원칙은 바로 다음과 같은 것을 내용으로 한다. 받기, 요구하기 또는 거절하기는 일반적인 규범으로부터 정당화될 때에만 정당하다. 물론 규범의 – 어느 정도까지는 구성요건의 - 일반적인 표지를 규정하는 것이 전적으로 임의적일 수도 있고 이론적으로 수많은 가능성이 존재한다면 인적 그룹들 사이에서 또한 임의적으로 차별화될 수 있다. 즉 "어떤 인간이 그러한 식별기준을 가지고 이러저러한 것을 … 할 때마다"와 같은 식으로 차별화될 수 있다. 그러나 규범의 결과는 이성적으로 증명되어야 한다는 것을 통하여 임의성은 엄격하게 제한된다. 즉 규범에 대한 이해관계는 모든 가능한 반대규범에 대한 이해관계보다 더 기본적이어야 한다. 그와 동시에 임의성이 작용할 수 있는 일은 거의 없게 된다.

이러한 의미에서 평등취급의 원칙은 정당과 부당을 적극적으로 판단하는 기준이다(위의 제24절 참조).

그렇게 되면 평등취급의 원칙은 다음과 같은 의미를 가지게 된다. 즉 격률과 반대격률의 결과는 어떤 것이 더 포괄적인 이해관계를 충족시키는가라는 관점에서 비교된다. 그러나 그것들이 누구의 이해관계에 이바지하는가는 중요하지 않다. 오히려 사람들은 - 정당과 부당에 대한 의문을 제기하는 한 - 격률과 관계된 자들을 구체적으로 모든 그들의 생활관계의 주체로서가 아니라 단지 추상적으로 문제되는 이해관계의 주체로서 보는 중립적인 관찰자의 입장에 서지 않으면 안 된다(위의 제26절 참조). 또한 이러한 중립성의 원칙도, 평등취급의 원칙이 화제가 되는 경우, 생각될 수 있다.

또한 이러한 의미에서 평등취급의 원칙은 정당과 부당에 대한 적극적 판단기준의 구성부분이다.

제33절 인간평등의 원칙

a) 모든 인간은 법적 의미에서 인격, 즉 의당 권리주체여야 한다는 원칙은 그 원칙의 침해가 **정의로운가 또는 정의롭지 않은가**라는 관점에서 일반적으로 토론되지 않는다. 왜냐하면 그러한 토론은 권리주체로부터 배제된 자가 법적 의미에서 인격일 가치가 있는가 여부의 문제를 대상으로 하기 때문이다. 그러나 오직 그러한 자의 가치에 대한 질문은 그러한 자의 가치 또는 무가치가 중요하고 그와 함께 그러한

자가 이미 인격으로서 인정되고 있다는 승인을 이미 포함하고 있다.

사람들이 인간으로서 법적 의미에서 인격이 아닌 것이 무엇을 의미하는가를 염두에 둔다면 그와 같은 것은 전적으로 분명해진다. 즉 그것은 물론 커다란 법적 불이익을 받는다는 것을 의미하지 않는다. 위험하여 감금된 미치광이나 상습적인 범법자도 여전히 권리주체이다. 오히려 권리주체가 아닌 자는 도대체 권리와 의무의 주체일 수 없고 계약을 체결할 수도 재산을 소유할 수도 없으며 특히 형벌을 받을 수도 없다. 그러한 자는 법적 의미에서 감수하거나 또는 또한 박멸할 수 있는 물건이다. 그러나 사람들이 그러한 자를 물건으로 – 칸트 식으로 이야기하여 목적에 대한 수단으로 – 취급하면 그의 인격일 수 있는 가치와 그와 함께 정의 일반은 어떠한 역할도 하지 못한다.

그렇기 때문에 국가사회주의자들이 유대인들에게 결국 법주체성을 부인했을 때 그들은 거짓으로도 정의를 이야기할 모든 가능성을 상실하였다. 집단학살은 법과 정의를 관리하거나 또는 최소한 그러한 외관을 가졌을 국가기관과는 별도로 그리고 전혀 무관하게 행해졌다. 정의에 대한 질문이 허용되자마자 – 즉 사람들이 권리주체성에 대한 배제가 정의롭지 않은 것으로 의당 증명되어야 한다면 권리주체성에 대한 배제가 의당 종료되어야 한다고 선언하자마자 사람들은 당사자들을 이미 인격으로 인정하였다.

그러므로 또한 인격가치성을 판단하는 사물논리적인 기준도 존재할 수 없다. 어떤 인간을 법인격으로 인정하지 않는 자는 그러한 일을 모든 임의적인 판단기준으로써, 즉 언어, 종교, 출신, 체취 그리고 그가 항상 원하는 것으로써 정당화할 수 있다. 언어는 이 모든 것을 허용한다.

그렇지 않으면 언어는 – 정의가 토론될 수 있는 경우에는 – 언제나 그럴만함의 특정 표지를 제공한다. 가벌성은 책임에 좌우되지 그 밖의 다른 것에 좌우되지 않고, 비난가능성은 흠결에, 임금을 받을만함은 업적에, 신뢰가능성은 능력과 의도 등에 좌우된다. 사람들은 오직 인격을 가질만함만을 자의적으로 모든 표지에 종속시킬 수 있다. 즉 언어는 인격을 가질만함을 판단하는 기준을 알지 못한다.

그러므로 사람들은 인간을 인격으로 인정하거나 또는 그렇게 하지 않는다. 양 자 사이에는 양자를 매개하는 경험에 기초를 둔 토론이 불가능하다. 바로 이곳에서 그리스도교의 계시가 결정적이고 역사적 현실에 커다란 영향을 주는 이야기를 하고 있다는 것과 인간들에게 바로 인격의 존엄을 부여하여야 한다고 했다는 것은 아마도 우연이 아니다.

b) 물론 인간평등의 원칙에 대한 침해가 **정당한가 또는 부당한가** 라는 문제는 경험적으로 토론될 수 있다. 사람들은 공동체적 이성의 관점에서 질서와 법적 평화가 모든 인간들을 포괄하고, 모든 인간들이 현행 법규범에 구속되고, 모든 인간들이 계약을 체결할 수 있다는 것 등에 기본적인 이해관계가 존재한다고 설명할 것이다. 그와 동시에 사람들이 관찰이 대상이 되는 모든 가능한 결과들을 고려한다면 인간평등의 원칙이 이성적이고 정당하며 그 원칙을 파괴하는 것이 부당하다는 결론은 아마도 피할 수 없을 것이다. 그러나 그 원칙은 그 자체 이미 "정당하다"는 단어와 함께 주어진 정의의 경험적 판단기준이 아니라 토론과 정당한과 부당한의 발전된 적극적 판단기준에 의하여 정당화를 필요로 한다.

평등취급의 원칙은 "정의롭다 - 정의롭지 않다"라는 관점에서 모순명제 - 두 개의 사례를 불평등하게 취급하는 것은 최소한 두 개의 사례 가운데서 한 사례에서 정의롭지 않음을 나타낸다. - 에 환원된다는 설명은 철학적 조망을 필요로 한다.

허무주의와 회의주의라는 두 개의 외형을 지닌 상대주의는 이 토론의 대상이라는 것이 제3절에서 발전되었다. 허무주의와 회의주의는 정의에 관한 언표는 경험적으로, 그것도 원칙적으로 증명될 수 없다는 데에서 출발한다. 회의주의의 입장에서는 그러한 종류의 언표가 참이라는 것이 불확실하며, 허무주의의 입장에서는 그러한 언표는 무의미하다, 즉 참도 거짓도 아니다. 두 가지 가정은 잘못임이 증명되었다. 정의로운 것과 정의롭지 않은 것을 판단하는 광범위한 기준들이 존재한다. 항상 상대주의에는 잔여영역이 남아 있다. 그리고 그러한 한에서 회의주의나 허무주의는 자체로서 더 훌륭한 근거를 가지는 것이 아닌가라는 질문이 제기된다.

그러할만함의 적극적 또는 소극적 판단기준이 존재하지 않는다면 두 개의 동일한 사례를 상이하게 취급하는 것이 정의롭지 않다는 것을 인정하는 자는 동시에 허무주의자일 수 없다. 왜냐하면 모순명제가 정의에 관한 명제들에 유효하거나 아니면 그러한 명제들이 무의미해야 하기 때문이다. 우리가 "x는 정의롭다(정의롭지 않다)"라는 내용을 가진 명제를 "p"로 표시한다면, 모순명제에 환원된 평등취급의 원칙은 다음과 같은 것을 이야기한다.

법철학적 허무주의의 이론이 "p"는 참도 거짓도 아니다라고 이야

기하고 있는 반면에, "p"라는 명제와 "p가 아니다"라는 명제 가운데
서 최소한 한 명제는 거짓이다.

경험적으로 증명할 수 없는 명제들에 모순명제를 적용할 수 없다
고 선언하는 것이 바로 법철학적 허무주의에 기초를 두고 있는 논리
적 실증주의의 내용이다.

그에 반하여 회의주의자는 평등취급의 원칙을 철저하게 인정하여
야 한다.

그러니까 허무주의와 회의주의는 이론적 설명에서 결정될 수는 없
으나 다음과 같은 단순한 이유에서 결정될 수 있다. 즉 결정을 가능
하게 하는 경험적 판단기준은 존재하지 않는다. - 그러나 그러한 판
단기준을 요구하는 것이 바로 양 이론의 내용이다.

그러나 사람들은 다음과 같이 논증할 수 있다. 즉 평등취급의 원
칙을 인정하는 상대주의자는 회의주의자이다. 그럼에도 불구하고 그
가 허무주의를 신봉한다면 그는 철저하지 못한 것이고 자신의 이론적
전제들 속에서 궁지에 빠진 것이다. 이러한 전제들은 그 자신의 생각
과 일치하지 않는다.

이제 상대주의자들 가운데서 - 명시적이든 또는 우발적이든 - 평
등취급의 원칙을 긍정하지 않는 자를 찾아볼 수는 없다.[8]

물론 몇몇 사람들은 그들이 개인적으로 생각하는 것과 그들의 이
론적 전제로부터 결론되는 것을 다음과 같이 구별한다. 즉 그들은 개
인적으로는 평등취급의 원칙을 신봉하지만 이러한 것은 또한 상대적
효력만을 가지는 생각이라는 것을 덧붙인다. 예컨대 켈젠은 바로 자
신의 상대주의적 이론으로부터 모든 세계관적 집단은 그들 자신이 다
른 집단에 대하여 관용을 베풀 마음의 준비자세가 되어 있는 한 누

---

8) 라드브르후도 그가 상대주의를 채택했던 시기에 정의를 평등으로 정의하였다.
   Rechtsphilosophie, S. 125.

구도 특권이 부여되고 누구도 억압되어서는 안 될 평등한 권리를 가진다는 것을 추론해내고 다음과 같이 이야기한다.[9] "민주주의가 **정의로운** 국가형태라면 단지 그것이 자유를 의미하기 때문이다 … 우리는 독재정치를 거부할 **권리가 있다** … 민주적 정부에 대해서도 그것을 폭력으로 제거하려는 시도를 폭력으로써 억압하는 것은 모든 사람의 **법**이다 … " 이 문장들의 마지막 부분에 있는 "법"은 "실정법"을 의미할 수 없다. 왜냐하면 켈젠은 의심의 여지없이 바이마르헌법은 이러한 법을 실정적으로 규정하지 않았다고 고백하기 때문이다 - 그러므로 켈젠은 부지중에 "초실정적" 법명제를 주장하고 있다 - 그러나 그는 서둘러 자신은 **자신에게** 정의인 것을 말할 수 있을 뿐이라고 덧붙인다.[10]

아마도 사람들은 경험주의적 실증주의의 모든 추종자에게서 "자신에게" 유효한 것과 이론에 따라서만 유효하여도 되는 것 간의 분열을 발견할 수 있다. 그들은 모두 대부분 매우 단호한 정치적 신조를 가지고 있고 거의 철저하게 인간적이고 민주적인 정서를 가지고 있으며 - 예컨대 인종적, 종교적, 세계관적 그룹들에 대하여 - 법질서에 의하여 평등취급을 하는 것에 찬성한다. 인간의 정신은 경험주의적 실증주의로부터 결론을 추론할 수 있는 천성을 갖고 있지 않다. 즉 이론적 허무주의는 법철학에서 실천되는 데서 실패한다.

정의에 관하여 오직 무의미한 명제나 "허위명제"만이 존재한다면 정의 일반에 대한 명제를 구성할 수 없다.[11] 사람들은 철저하게 비트겐슈타인과 의견을 같이하여 다음과 같이 말할 수 있을 뿐이다.[12]

---

9) Was ist Gerechtigkeit? S. 42(저자의 강조).

10) a. a. O., S. 43.

11) Carnap, 앞의 제4절 각주 30 참조.

12) Tractatus Logico-Philosophicus, S. 188.

"사람들이 이야기할 수 없는 것에 대해서는 사람들은 침묵하여야 한다." - 그러나 누군가가 정의에 대하여 경험적으로 증명될 수 없는 명제를 말한다면 사람들은 그가 자신의 이론적 전제를 심사하고 법철학적 허무주의를 배척하고 회의주의를 신봉할 것을 요구하여야 한다. 그는 그의 대화상대가 일련의 무의미한 단어가 아닌 비록 불확실하고 증명될 수 없는 명제라 하더라도 의미 있는 명제들만을 경청할 것을 요구할 수는 없다.

이미 이야기했듯이 허무주의와 회의주의의 관계가 명확하게 결정될 수는 없다. 그러나 이 상론의 결과는 그것이 결정될 필요가 없다는 것이다. 법철학에서 증명되는 것은 다음과 같은 것이다. 허무주의자는 말로만 존재하고 실제로 존재하는 것은 회의주의자들 뿐이다.

그러므로 "잔여-회의주의"는 상대주의에 남겨진 잔여영역에서 가장 이성적인 태도로 생각된다. 잔여-회의주의가 가지는 실천적인 결론은 정의로운 것의 판단기준들이 경험적인 토론을 더 이상 허용하지 않음으로써 또한 잔여영역에서도 사람들이 평등취급의 원칙을 고집한다는 것이다. 그와 함께 사람들은 동시에 이 연구에서 성공된 것 이상으로 판단기준들을 더 정확하게 발전시킬, 발견된 결과에 따라 생각되는 것 이상으로 그 판단기준들의 유효범위가 더 넓고 상대주의에 남겨진 잔여 영역이 더 좁아질 가능성을 인정하게 된다. 이미 이러한 가능성을 인정하는 것만이 인간답게 만드는 작용을 한다. 이러한 가능성을 인정하는 것은 모든 논쟁문제에서 부단하게 판단기준들과 그리고 그와 함께 또한 가능성에 따라 토론을 시도하고, 시도와 단초들을 진지하게 생각하고 고려하고 더욱 더 대화할 준비자세가 될 수 있도록 하는 것을 적합한 것으로 만든다.

그에 반하여 이미 판단기준을 기초로 하지 않는 대화를 재빨리 무의미한 것으로 선언하는 법철학적 허무주의는 정의 일반의 판단기준을 발견할, 좀 더 정확하게는 이곳에서 성공한 것 이상으로 발견할 방법을 차단한다. 법철학적 허무주의는 항상 합리화 가능성과 그리고 그와 함께 정치적인 것의 인간화 가능성을 간과할 위험을 안고 있고 법철학적 허무주의가 저지하고자 했던 것, 즉 세계관의 지배요구에 대하여 수문이 개방되는 것을 조장한다.

제5부

결론

제35절 요약

사람들이 최근 수십 년의 법철학 문헌들을 개관하면 법철학은 해결하기 힘든 딜레마, 즉 분석적 오성과 법감정 사이의 분쟁에 처해 있는 것으로 보인다. 모든 합리적 분석의 냉엄한 결과는 정의의 판단 기준은 존재하지 않는다는 것이다. 법감정은 그에 반항하여 자신이 사정을 더 잘 알고 있다고 하면서 합리적 사고의 결과를 인정하지 않으려 한다. 법감정이 자신의 권리를 주장함으로써 사람들은 가끔 합리적 사고 일반과 합리적 사고와 함께 근대를 비난하거나 또는 사람들은 "근대적 합리성"과 법감정에서 표현되는 "계시에 의하여 지도되는" 이성을 구별하거나 또는 사람들은 법감정이 "더 고차적인 의미에서 합리적인" 기반을 가진다는 것을 증명하려는 목표에서 새로운 형이상학적 체계를 구성하거나 낡은 형이상학적 체계를 복구하거나 또는 사람들은 단순하게 가교될 수 없는 대립을 유감스럽지만 주어진 사실로 받아들이고 동료인간들에게 현혹되지 말고 법감정에 의하여 인도받을 것을 촉구한다.

이러한 인식가능성개념의 상태가 또한 어떨 수 있다 하더라도 - 오직 경험적 지식과 논리의 결과만이 간주관적으로 매개될 수 있다는 것은 확실하다. 그렇기 때문에 사람들이 경험적 지식과 논리에 한정한다면 사람들은 법철학에서 어떤 결과에 도달하는가, 특히 이러저러한 것이 정의를 충족한다는 논쟁문제가 어느 정도까지 경험적 토론이 접근할 수 있는 사실문제에 환원되는가를 해명하는 데 기본적인 이해관계가 있다.

이러한 해명에 대한 열쇠를 이른바 법감정은 "감정"이 아니라 언어적 의미에 대한 직관적 통찰[1]이라는 인식이 제공한다. **법감정은 "정의로운", "정의롭지 않은", "정당한", "부당한", "형평에 맞는", "형평에 맞지 않는"이라는 단어들의 의미에 대한 성찰되지 않은 지식이다.** 그밖에도 법감정은 아마도 또한 그에 따라 사람들이 정의의 실현을 의욕하거나 당연히 해야 할 것으로 느끼는 도덕적 충동이기도 하다. 그럼에도 불구하고 사람들은 그러한 도덕적 충동을 어떤 조건하에서 정의가 실현되어 있는가에 대한 통찰과는 엄격하게 구별하여야 한다.

법철학에서의 많은 혼란의 원인은 다음과 같은 것이다.

이 단어들의 의미를 의식으로 고양시켜 이 단어들을 가지고 말하는 대신 사람들은 "정의"의 전통적 개념을 받아들이거나 새로운 개념을 구성하고 그 개념을 본래의 단어의 의미에 대한 경시되는 지식에 항의하는 방식으로 그 개념을 정의한다.[2]

---

1) 법감정은 감정이 아니라 직관적 통찰이라는 것을 또한 이미 켐프스키 *J. v. Kempski*가 말한 바 있다(Bemerkungen zum Begriff der Gerechtigkeit, S. 66). 그러나 켐프스키는 "사례의 구조, 타당한 자연적 법명제, 공동생활의 모든 사태를 … 자신 속에 지니고 있는 평등한 법(jus aequem)"에 대한 통찰을 생각하고 있다.

2) 예컨대 켈젠(Was ist Gerechtigkeit, S.6)은 어떤 질서가 다수가 보호할 "가치가 있다"고 인정하는 자들의 이해관계를 보호한다면 그 질서는 정의롭다고 주장한다. 그런 후 그는 어떤 이해관계가 보호할 가치가 있다는 것에 대해서는 사람들은 의견이 상이할 수 있다는 것을 확인한다. 그러므로 그는 이미 출발점에서부터 다음과 같은 언어사용을 포기하였다. 정의로운 것은 가치있음(Würdigkeit)의 문제이나 가치(Wert)와 동일한 것은 아니고 정당한 것은 이해관계 상호간의 종속관계의 문제이나 마찬가지로 합리적으로 해결될 수 없는 가치충돌의 문제는 아니다. 토마스 해석자 피이퍼 *Pieper*는 다음과 같이 주장하고 있다(Über die Gerechtigkeit, S. 41). "모든 외부적 작위는 정의의 영역에 속한다. 항상 외부에 대하여 행해지는 것은 그 사실에 의하여 정의롭거나 정의롭지 않다." 우리의 언어사용에 따르면 이러한 것은 그러한 외부적 작위에 의하여 누군가가 가치있음에 대한 판단을 근거로 무엇을 받거나 요구하거나 또는 거절하는 그러한

그러므로 이러한 개념은 구체적인 정치적 쟁점문제들을 해결하기 위한 판단기준들을 암시할 수조차 없다. 그렇기 때문에 그러한 개념의 결과는 상대주의이거나 아니면 상대주의를 그저 시험하고 증명할 뿐인 매개될 수 없는 이론이다. 일상적인 언어사용에 대한 분석만이 쟁점문제들을 논의함에 있어 정확하게 무엇이 중요한가를 밝히며 우리에게 정의의 판단기준들을 제시한다.

그와 동시에 대부분의 그리고 매우 중요한 사례들에서는 평가방법이 아닌 사실이 중요하다는 것이 분명해진다. 물론 사실은 부분적으로는 매우 복잡해서 밝혀내기가 무척 어렵다. 그렇기 때문에 사실은 오히려 정치적 이데올로기로 경화된 이론들의 연구대상이다. 그러나 그것들을 경험적으로 해명하는 것이 원칙적으로 불가능한 것은 아니다. 사람들이 그것들을 연구하는데 관계하면 — 사람들이 예컨대 경제학, 인류학, 사회학, 심리학을 가능한 한 이데올로기적으로가 아니라 과학적으로 연구하려고 노력함으로써 — 인식에 진보가 있게 되고 실정법이 정의에 접근할 가능성이 존재하게 된다. 문제되는 사실들의 다른 커다란 부분은 복잡하지 않고 해명될 수 있다. 특히 단어의 의미에서 오는 판단기준과 소극적 판단기준이 지시하는 사실들은 대부분 규명된다. 그렇다면 확실하고 오해의 여지없이 그 무엇이 정의를 충족하지 **않는다**는 것은 정의롭지 않거나 부당하다고 말할 수 있다.

결과의 요약: 많은 사례들에서는 이러저러한 것이 정의를 충족하는가 여부의 문제는 오해의 여지없이 해명될 수 있다. 다른 많은 사례

외부적 작위에만 유효하다 — 그러므로 산책은 정의롭거나 정의롭지 않다. 다른 사람들은 정의는 평등이라고 주장하며 다시 다른 사람들은 정의로운 것은 분배의 문제 등이라고 주장한다. 모든 개념규정들에서 "그에 대하여 그 무엇"을 말하고 있기는 하나, 그럼에도 불구하고 어떤 것도 언어사용과 정확하게 일치하지는 않는다.

들에서는 문제되는 사실들이 완전하게 그리고 증명될 수 있게 정확히 파악될 수 있기에는 지나치게 복잡하다는 실제적인 어려움 때문에 해명이 어렵다. 그러나 정의에 대한 질문에서 가치평가가 아닌 사실이 결정적이기 때문에 그리고 사실은 최소한 원칙적으로 설명될 수 있기 때문에 사람들은 그럼에도 불구하고 상대주의와 비합리적인 결정주의에 의존하고 있지 않다. 오히려 논증하고 논거를 제시하는 것이 의미를 가진다. 사람들은 의문스러운 사실에 대한 간접증거를 찾거나 확인하거나 또한 반박할 수 있으며 그렇게 해서 진리에 최소한 접근하고 그리고 그렇게 함으로써 정의롭지 않음이나 또는 부당함의 개연성을 줄일 수 있다. 비교의 대상이 되는 이해관계들이 전적으로 등가(等價)이거나 또는 종교적, 형이상학적 확신 또는 가치에 대한 확신이 결정적적이기 때문에 일련의 경계선상에 놓여 있는 문제들은 원칙적으로 토론될 수 없다.

그러므로 오해의 여지없이 해명될 수 있는, 어쨌든 토론될 수 있는 그리고 단순히 토론될 수 없는 법정책적 쟁점문제들이 존재한다. 그들의 양적 관계는 거의 평가될 수 없으나 아마도 대부분은 두 번째 그룹에 속한다. 세 번째 그룹에 속하는 쟁점문제들이 최소한 질적으로는 정치생활에서 특수한 비중을 차지한다는 견해는 제한적으로만 옳다는 것이 입증되었다. 정의의 문제가 제기하는 역사적으로 매우 의미가 있는 쟁점문제들 - 특히 경제정책적 그리고 인류학적 근본문제들 - 은 원칙적으로 토론될 수 있다.

제36절 전망

모든 가능한 법적 쟁점문제들을 정의의 판단기준에 따라 완전히 해명하는 것은 법률을 심사하는 이성의 판단에 따라 정의가 요구하는 것의 체계가 생겨나는 원인이 될 수도 있다. 그러한 "자연법"체계는 이미 증명된 것처럼 비록 일련의 경계선상의 문제들을 미해결인 채로 놓아두어야 한다 하더라도 관념적으로는 가능하다. 그러나 그와 동시에 설명하여야 할 사실문제의 복잡성과 그 무한히 커다란 숫자를 고려할 때 논쟁의 여지가 없는 자연법체계는 - **한 사람의** 학자에게도, 한 세대에게도 또한 백 년 동안 학자들이 공동작업을 한다 하더라도 - 성공할 수 없다. 인식에 있어서의 진보는 역사에서 서서히 그리고 점진적으로만 이루어진다.

그와 함께 자연법체계의 초안들의 정당성 일반에 대해서는 의당 이의가 제기되어서는 안 된다. 그 초안들은 대화를 진행시키고 진보를 촉진시키는 가설과 잠정적인 이론의 기능을 한다. 다만 사람들은 그 초안들이 최종적인 것이 아니라 항상 오직 잠정적인 것일 수 있다는 것, 달리 표현하면 그 초안들은 정치적 실험의 토론에 기여하는 것이자 토대 그 이상이 결코 아니라는 것을 분명히 하지 않으면 안된다. "자연법당"(自然法黨)은 그것이 이러한 의미에서 변증법적으로 이해되면 그에 반대할 하등의 이유가 없다. 결국 모든 정강(政綱)은 (어쨌든 유럽대륙에서는), 그것이 중요한 점에서 정당하고 정의로운 것을 총괄하고 있는 한, 요약된 자연법체계이다. 정당들이 경쟁하기 때문에 토론, 상호 교정과 이러한 방법으로 인식에 있어서의 진보와 실정법이 정의에 접근할 가능성을 촉진한다.

정의의 판단기준은 존재하지 않는다는 견해가 지배하는 곳에서는 법정책적 쟁점문제들에 대한 객관적인 토론은 무의미한 것으로 생각된다. 즉 학문과 정당경쟁의 자유는 정의를 실현하기 위해서 - 즉 사람들이 스스로 그때그때 찬성하는 것을 위해서 - 어떤 가치도 없을 뿐만 아니라 또한 그와는 반대로 사람들에게 유해한 것이기도 하다. 그렇기 때문에 정의의 판단기준에 대한 질문은 결국은 민주주의의 사활이 걸린 문제이다. 정의의 판단기준이 존재하지 않고 오직 다수의 매개될 수 없는 정의에 관한 견해들만이 존재한다면 그러한 한에서 필연적으로 다음과 같은 질문이 제기될 수밖에 없다. 무슨 이유로 하나의 집단은 다른 집단에게 자기 자신의 견해와 모순되는 견해를 관철시킬 기회를 의당 주어야 하는가?

그에 대해서는 원래 평화를 위해서라는 설득력 있는 대답만이 존재한다. 그러나 그 대답은 두 가지 전제, 즉 평화가 자신의 가치체계의 지배보다 더 중요하고 적대적인 집단이 쿠데타나 혁명을 유효하게 해결할 만큼 강하고 전투태세가 되어 있다는 전제 - 민주주의에 대해서는 거의 안정성을 약속하지 않는 두 가지 전제하에서만 설득력이 있다.

요약하면, 상대주의적 이론을 토대로 해서는 모든 시민을 포괄하는 자유로운 에토스가 발전될 수 없다. 어떤 사람들은 민주주의가 헌법을 파괴하지 않고서도 지배를 주장할 수 있을 만큼 충분히 강력하기 때문에 그리고 그러한 한에서 민주주의를 고집하며, 다른 사람들은 민주주의가 - 헌법을 파괴하더라도 - 지배할 수 없을 만큼 지나치게 무력하기 때문에 민주주의를 고집한다. 민주주의는 안정된 기반을 가지고 있지 않다. 세계관을 토대로 한 집단들의 경쟁은 사람들이 왜 의당 스스로 결정해서는 안 되는가라는 문제가 제기될 때 유동적이고 잠정적인 성격을 띤다. 민주주의의 존립은 구체적 권력관계의 균형에 좌우된다.

관용에 대한 상대주의의 결론은 결코 강제적인 것이 아니며, 이 사상으로써 민주주의에 새로운 이론적 기반을 부여하려는 시도는 성공할 가망이 없다.

"자연법과 실질적 정의"에 관한 한스 벨첼의 표준적인 저술의 신판 – 제4판 – 은 다음과 같은 근대 국가이론의 근본적인 명제로 말미를 장식하고 있다. 자연법의 사상세계에서 잔존하게 되는 것은 오직 "사회관계를 올바르게 형성하기 위한 투쟁이 정신적 토론으로 남아 있고 폭력행사나 심지어는 인간에 의한 인간의 파괴로 끝나지 않도록 배려할 실정법에 대한 위임"뿐일 것이다. 그러나 이러한 "정신적 토론"이 도대체 가능한가? 우리 헌법형태의 이론적 기초부여는 이 질문에 대한 대답 여하에 달려 있다.

18세기에 경험한 고전적인 영향 하에 있는 자유민주주의는 정신의 자유는 인식에 있어서의 진보를 촉진시키며 인식에 있어서의 진보는 정의에 대한 실정법의 접근을 가능하게 한다는 사상에 근거를 두고 있다. 이러한 사상만이 지속적으로 자유를 보증하고 이성의 풍토를 유지하고 확산시킬 수 있다. 그러나 그 사상은 사람들이 정의의 판단기준은 존재한다는 것을 인식했을 경우에만 분명하다. 다음과 같은 개념들, 즉 자유, 이성, 토론, 정의의 판단기준은 서로 밀접하게 결합되어 있다.

참고문헌

< 약어표>

AcP: Archiv für civilistische Praxis

ARSP: Archiv für Rechts-und Sozialphilosophie

NJW: Neue Juristische Wochenschrift

ZStW: Zeitschrift für die gesamte Staatswissenschaft

이 주제에 대한 포괄적인 문헌들은 주로 다음 저술들에 포함되어 있다.

Arnold Brecht, Politische Theorie; Werner Maihofer (Hrsg.), Natur-recht oder
Rechtspositivismus? und Johannes Messner, Das Naturrecht.

Arndt, Adolf: Rechtsdenken in unserer Zeit, Positivismus und Naturrecht, Tübingen
1955.

------------ Humanität, Kulturaufgabe der Politischen, in: Kultur und Politik in
unserer Zeit, Hannover 1960.

Ayer, Alfred J.: Language, Truth and Logic, 12. Aufl., London 1956.

Baratta, Allessandro: Relativismus und Naturrecht im Denken Gustav Radbruchs,
ARSP 1959, S. 505 ff.

Beyer, Wilhelm R.: Warnung vor der ewigen Wiederkehr des Naturrechts, Karlsruhe
1947.

Böckenförde, Werner: Der allgemeine Gleichheitssatz und die Aufgabe des Richters,
Berlin 1957.

Brecht, Arnold: The Political Philosophy of Arnold Brecht, Essays by Arnold Brecht
Edited by Morris O. Forkosch, New York 1954.

------------ Politische Theorie, Die Grundlagen politischen Denkens im 20.
Jahrhundert, Tübingen 1961.

Briner, Robert: Zur Funktion der Gleichheit in der menschlichen Gerechtigkeit,
Aarau 1949.

Broch. Hermann: Massenpsychologie. Zürich 1959.

Brodmann, E.: Zur Lehre von der Rechtsquelle. ARSP 1938/39. S. 336 ff.

Brunner, Emil: Gerechtigkeit. 6-7. Tausend. Zürich 1943.

Brusiin, Otto: Über das juristische Denken. Helsingfors 1951.

Burckhardt, Walter: Methode und System des Rechts, Zürich 1936.

Carnap, Rudolf: Scheinprobleme in der Philosophie. Berlin 1928.

------------ Überwindung der Metaphysik durch logische Analyse der Sprache. Erkenntnis Bd. II. 1931, S. 219 ff.

Coing, Helmut: Die obersten Grundsätze des Rechts, Heidelberg 1950.

------------ Um die Erneuerung des Naturrechts, Universitas 1948.

Dahrendorf, Rolf: Marx in Perspektive, Die Idee des Gerechten im Denken von Karl Marx, Hannover 1952.

Dreher, Eduard: Über die gerechte Strafe, Heidelberg 1947.

Duesing, Bernhard: Abschaffung der Todesstrafe, Offenbach 1952.

Emge, Carl August: Einführung in die Rechtsphilosophie, Wien 1955.

------------ U(Ü)ber das Grunddogma des rechtsphilosophischen Relativismus, Berlin und Leipzig 1916.

------------ Sicherheit und Gerechtigkeit, in: Abhandlungen der Preußischen Akademie der Wissenschaften Jahrg. 1940; Philosophisch-historische Klasse Nr. 9, Berlin 1940.

Engisch, Karl: Einführung in das juristische Denken, 2. Aufl., Stuttgart 1959.

Fechner, Erich: Rechtsphilosophie, Tübingen 1956.

Hall, Everett W.: What is Value? An Essay in Philosophical Analysis, London 1952.

Hare, R. M.: The language of morals, Oxford 1952.

Hartmann, Nicolai: Ethik, 3. Aufl. Berlin 1949.

------------ Möglichkeit und Wirklichkeit, Meisenheim 1949.

Heck, Philipp: Gesetzesauslegung und Interessenjurisprudenz, in: AcP 112 (1914) S. 1-318.

von Hippel, Ernst: Einführung in die Rechtstheorie, 4. Aufl., Münster 1955.

von Hippel, Fritz: Vorbedingungen einer Wiedergesundung des heutigen Rechtsdenkens, Marburg 1948.

------------ Gustav Radbruch als rechtsphilosophischer Denker, Heidelberg 1951.

Husserl, Edmund: Logische Untersuchungen, Bd. I, 2. Aufl., Halle 1913.

von Ihering, Rudolf: Der Zweck im Recht, I. Bd.. 3. Aufl., Leipzig 1893.

Jellinek, Georg: Allgemeine Staatslehre, 3. Aufl., Berlin 1921.

Kantorowicz, H.U.: Zur Lehre vom richtigen Recht. Berlin. Leipzig 1909.

Kaufmann, Arthur: Naturrecht und Geschichtlichkeit. Tübingen 1957.

Kelsen, Hans: Hauptprobleme der Staatsrechtslehre, entwickelt aus der Lehre vom Rechtssatz. 2. Aufl., Tübingen 1923.

------------ Die Philosophischen Grundlagen der Naturrechtslehre und des Rechtspositivismus. Charlottenburg 1928.

------------ Vom Wesen und Wert der Demokratie. 2. Aufl., Tübingen 1929.

------------ Staatsform und Weltanschauung. Tübingen 1933.

------------ Was ist Gerechtigkeit? Wien 1953.

von Kempski, Jürgen: Bemerkungen zum Begriff der Gerechtigkeit in: Studium Generale 1959. Heft 2, S. 61 ff.

Koch, Erich: Die NSDAP, Idee, Führer und Partei. Berlin 1934.

Küchenhoff, Günther: Der Begriff des „Minimum" in der Rechtswissenschaft in: NJW 1959. S. 1254.

Kunz, Josef L.: Was ist die Reine Rechtslehre? Köln 1950.

Larenz, Karl: Rechtswissenschaft und Rechtsphilosophie, in: AcP 143 (1937), S. 257 ff.

------------ Methodenlehre der Rechtswissenschaft, Berlin. Göttingen, Heidelberg 1960.

Lask, Emil: Rechtsphiiosophie, Heidelberg 1907.

Leibholz, Gerhard: Die Gleichheit vor dem Gesetz, 2. Aufl., München und Berlin 1959.

Lübbe, Hermann: „Sprachspiele" und „Geschichten" — Neopositivismus und Phänomenologie im Spätstadium, in: Kant-Studien 52 (1960/61), S. 220 ff.

Maihofer, Werner (Hrsg.): Naturrecht oder Rechtspositivismus? Wissenschaftliche Buchgesellschaft, Darmstadt 1962.

Manser, Gallus M.: Das Naturrecht in thomistischer Beleuchtung, Freiburg i. d. Schweiz 1944.

Marshall, H. H.: Natural Justice, London 1959.

May, Eduard: Im Abgrund des Relativismus, Berlin 1941.

Meldon, I. (Hrsg.): Science, Language und Human Rights, Philadelphia 1952.

Messner, Johannes: Das Naturrecht, 3. Aufl., München 1958.

Mitteis, Heinrich: Über das Naturrecht, Berlin 1948.

Nef, Hans: Gleichheit und Gerechtigkeit, Zürich 1941.

Nelson, Leonhard: System der philosophischen Rechtslehre und Politik, Göttingen

1923.

Perelman, Chaim: De la Justice, Bruxelles 1945.

Pieper, Josef: Über die Gerechtigkeit, München 1953.

Popper, Karl: Logik der Forschung, Wien 1935.

Radbruch, Gustav: Le Relativisme dans la Philosophie du Droit, in: Archives des Philosophie du Droit et de Sociologie juridique, 1936, S. 105 bis 110.

------------ Rechtsphilosophie, 4. Aufl., hrsg. von Erik Wolf, Stuttgart 1950[1)]

Ritter, Klaus: Zwischen Naturrecht und Rechtspositivismus, Witten/Ruhr 1956.

Rommen, Heinrich: Die ewige Wiederkehr des Naturrechts. 2. Aufl., München 1947.

Ruemelin, Max: Die Billigkeit im Recht. Tübingen 1921.

Ryffel, Hans: Emil Brunners Buch über die Gerechtigkeit. ARSP 1949/50. S. 259 ff.

------------ Der Wertpluralismus als philosophisches Problem. ARSP 1956, S. 305 ff. und S. 507 ff.

Sauer, Wilhelm: Die Gerechtigkeit, Berlin 1959.

Sauter, Johannes: Die philosophischen Grundlagen des Naturrechts. Wien 1932.

Scheler, Max: Der Formalismus in der Ethik und die materiale Werlethik, 4. Aufl., Bern 1954.

------------ Weltanschauungslehre Soziologie und Weltanschauungssetzung in: Schriften zur Soziologie und Weltanschauungslehre Bd. II „Moralia", Leipzig 1923.

------------ Phänomenologie und Erkenntnistheorie, in: Zur Ethik und Erkenntnislehre, Berlin 1933.

Schlick, Moritz: Positivismus und Realismus, in: Erkenntnis 1932/33, S. 7 ff.

Schmitt, Carl: Die geistesgeschichtliche Lage des heutigen Parlamentarismus, 2. Aufl., München u. Leipzig 1926.

------------ Donoso Cortés in gesamteuropäischer Interpretation, Köln 1950.

------------ Die Tyrannei der Werte, Privatdruck, Stuttgart 1960.

Schmitt, M.-E.: Recht und Vernunft, Heidelberg 1955.

Schneider, Peter: Naturrechtliche Strömungen in deutscher Rechtsprechung, ARSP 1956, S. 98 ff.

---

1) Die im Anhang S. 333 ff. abgedruckten Aufsätze Radbruchs: „Fünf Minuten Rechtsphilosophie", „Gerechtigkeit und Gnade" und „Gesetzliches Unrecht und Übergesetzliches Recht" werden zitiert unter „Rechtsphilosophie, S....".

Spranger, Eduard: Zur Frage der Erneuerung des Naturrechts, Universitas 1948, Heft 4, S. 405 ff.

Stadtmüller, Georg: Das Naturrecht im Lichte der geschichtlichen Erfahrung, Recklinghausen 1948.

Steiger, Heinhard: Bspr. v. H. H. Marshall, Natural Justice, in: ARSP 1950, S. 291 ff.

Strauss, Leo: Naturrecht und Geschichte, Stuttgart 1956.

Süsterhenn, Adolf: Das Naturrecht, bei: Maihofer, S. 11-26.

------------ und Rüfner, Vinzenz: Wir Christen und die Erneuerung des Staatlichen Lebens, Bamberg 1948.

Tammelo, Ilmar: Justice and Doubt, Österr. Ztschr. f. öff. Recht, Wien 1958/59, S. 308 ff.

------------ Überlegungen zum Problem des Unveränderlichen im positiven Recht, in: Drei rechtsphilosophische Aufsätze. Willbach und Heidelberg 1948.

Thielicke, Helmut: Kirche und Öffentlichkeit. Tübingen 1948.

Thyssen, J.: Der philosophische Relativismus. 2. Aufl., Berlin 1947.

Tomberg, V.: Degeneration und Regeneration der Rechtswissenschaft, Bonn 1948.

del Vecchio, Giorgio: Die Gerechtigkeit, deutsch 2. Aufl., Basel 1950.

Viehweg, Theodor: Topik und Jurisprudenz. München 1953.

Villey, Michel: Suum jus cuique tribuens. Milano 1954.

Weber, Max: Gesammelte Schriften zur Wissenschaftslehre, Tübingen 1927.

Weigelin, Ernst: Recht und Naturrechtslehre in: ARSP 1950/51, S. 113 ff.

Wein. H.: Das Problem des Relativismus. Berlin 1950.

Weischedel. Wilhelm: Recht und Ethik. Karlsruhe 1956.

Welzel, Hans: Naturrecht und Rechtspositivismus, in: Festschrift für Niedermeyer, Göttingen 1953, S. 50 ff.

------------ Naturrecht und materiale Gerechtigkeit. 4. Aufl. Göttingen 1962.

------------ Das deutsche Strafrecht. 7. Aufl., Berlin 1960.

------------ Um die finale Handlungslehre, Tübingen 1949.

Wittgenstein, Ludwig: Tractatus Logico-Philosophicus, 6, Aiifl., Landon 1955.

------------ Philosophisdie Untersuchungen, Oxford 1953.

Wolf, Erik: Rechtsgedanke und biblische Weisung, Tübingen 1948.

------------ Umbruch oder Entwicklung in Gustav Radbruchs Rechtsphilosophie? in:

ARSP 1959 S. 481 ff.

------------ Das Problem der Naturrechtslehre, Karlsruhe 1955.

Wolff, Hans J.: Über die Gerechtigkeit als principium iuris, in: Festschrift für Sauer, S. 103 ff., Berlin 1949.

------------ Begriff und Kriterium der Wahrheit, in: Festschrift für Laun, Hamburg 1953.

------------ Bespr. v. del Vecchio, Die Gerechtigkeit, in: ZStW 110 (1954) S. 375 ff.

Würtenberger, Thomas: Wege zum Naturrecht in Deutschland 1946-1948, ARSP 1949/50, S. 98 ff.

마르틴 크릴레의 저술목록(1959-1997)

1959

Pater Gundlach und der ABC Krieg.
In: Hochland 1959, 5. S. 468 ff.

1960

Die Labilität der politischen Vernunft. Betrachtungen gelegentlich eines Vortrags von William S. Schlamm.
In: Frankfurter Hefte 1960, 2. S. 77 ff.

1963

Kriterien der Gerechtigkeit. *Zum Problem des rechtsphilosophischen und politischen Relativismus.*
Berlin: Duncker & Humblot, 1963

1964

Samuel I. Shuman, Legal Positivism. Its Scope and Limitations. Detroit: Wayne State University Press, 1963. Rezension.
In: ARSP 1964, 4. S. 589 ff.

1965

Auf der Suche nach der Vernunft. Internationale Tagung für Rechtsphilosophie in Bellagio.
In: FAZ vom 30. 9. 1965
Felix Frankfurter (1882-1965).
In: JZ 1965, 8. S. 242 ff.

Kaufmann, Arthur: Analogie und „Natur der Sache". Zugl. e. Beitrag zur Lehre Vom Typus. Karlsruhe 1965. Rezension.
In: FAZ vom 25. 11. 1965

Offene und verdeckte Urteilsgründe. Zum Verhältnis von Philosophie und Jurisprudenz heute.
In: Collegium philosophicum. Studien. Joachim Ritter zum 60. Geburtstag. Basel, Stuttgart 1965. S. 99 ff.

Der Supreme Court im Verfassungssystem der USA. Ein kritischer Bericht über neuere amerikanische Literatur.
In: Der Staat 1965, 2. S. 195 ff.

1966

Coing, Helmut: Naturrecht als wissenschaftliches Problem. Wiesbaden 1965. Rezension.
In: FAZ vom 3. 3. 1966

Eike von Hippel: Grenzen und Wesensgehalt der Grundrechte. Berlin 1965. Buchbesprechung
In: Der Staat 1966, 2. S. 254 ff.

Nur ein Einzelfall. Plädoyer für einen Außenseiter.
In: DIE ZEIT vom 29. 4. 1966

L' obbligo giuridico e la separazione positivistica fra diritto e morale.
In: Rivista di Filosofia 1966, 2. S. 193 ff.

Rechtspflicht und die positivistische Trennung von Recht und Moral
In: Österreichische Zeitschrift für öffentliches Recht. Bd 16. 1966, 3/4. S. 413 ff.
Staatsrechtslehrertagung in Graz vom 12. - 15. Oktober 1966.
In: DÖV 1966, 23. S. 821 ff.

Wieacker, Franz: Zum heutigen Stand der Naturrechtsdiskussion. Köln u. Opladen 1965. Rezension.
In: FAZ vom 3. 3. 1966

1967

Gesetzprüfende Vernunft und Bedingungen rechtlichen Fortschritts. Über-arb. Wiedergabe eines Vortrags, der unter dem Titel „Gesetzprüfende Vernunft und juristische Methode" auf dem VI. Kongreß der Internationalen Hegel-Gesellschaft e.V. - 4. - 11. 9. 1966 in Prag - gehalten wurde.
In: Der Staat 1967, 1. S. 45 ff.

Plangewährleistungsansprüche? Habiliatationsvortrag Münster vom 15. 2. 1967
In: DÖV 1967, 15/16. S. 531 ff.

Rechtspositivismus und Naturrecht - politisch beleuchtet.
In: Recht und Politik 1967, 2. S. 41 ff.

Recht und Moral und die Problematik der Reinen Rechtslehre. Erwiderung auf Walter: Die Trennung von Recht und Moral im System der Reinen Rechtslehre.
In: Österreichische Zeitschrift für öffentliches Recht. Bd, 17. 1967, 3/4. S. 382 ff.

Rossa, Kurt: Todesstrafen. Ihre Wirklichkeit in drei Jahrtausenden Oldenburg u. Hamburg 1966. Rezension.
In: FAZ vom 20. 6. 1967

Theorie der Rechtsgewinnung, entwickelt am Problem der Verfassungsinterpretation.
Berlin: Duncker & Humbolt 1967(Schriften zum Öffentlichen Recht. Bd 41)
2., um ein Nachwort ergänzte Auflage 1976
Übersetzung: Ins Koreanische von Seong-Bang Hong 1995

Zippelius, Reinhold: Das Wesen des Rechts. München 1965. Rezension
In: FAZ vom 28. 2. 1967

1968

Mängel im Rechtsstudium beseitigen.
In: DIE WELT vom 17. 9. 1968

Rechtspositivismus und Naturrecht - politisch beleuchtet.
In: Tutzinger Texte 1968,4 (=Politische und sozialethische Fragen) S. 63 ff.
[Überarbeitete und ergänzte Fassung eines ursprünglich vor dem Akademischen Symposion gehaltenen und 1967 in Recht und Politik gedruckten Vortrages (s.o), auch abgedruckt in JuS 1969]

Regressive Dialektik.
In: Hegel-Jahrbuch 1968/69. S. 286 ff.

Warum diese Zeitschrift?(als Herausgeber, gemeinsam mit Rudolf Gerhardt)
In: Zeitschrift für Rechtspolitik. Jg 1, 1. S. 2 München: Beck 1968

1969

Antijustizkampagne - was tun?
In: ZRP 1969, 2. S. 38 ff.

Ist die Einheit noch zu retten? 15 Thesen zur Rechtslage im geteilten Deutschland.
In: DIE ZEIT 1969, 52 vom 26. 12. 69/2. 1. 70. S. 40

Mandatsverlust bei Parteiwechsel?
In: ZRP 1969, 11. 241 f.
Notes on the Controversy between Hobbes and English jurists.
In: Hobbes-Forschungen. Berlin 1969, S. 211 ff.

Politische Funktionalisierung des Rechts? Zum Urteil des AG München gegen Rolf Pohle.
In: ZRP 1969, 7. S. 145 ff.

Rechtspositivismus und Naturrecht - politisch beleuchtet.
In: JuS 1969, 4. S. 169 ff.

Zwei Konzeptionen des modernen Staates. Hobbes und englische Juristen.
In: Studium Generale 1969, S. 839 ff.

1970

„Aus Unrecht kann Recht werden". SPIEGEL-Interview über den Polen-Vertrag.
In: DER SPIEGEL 1970 vom 30. 11. 1970

Die deutsche Ostpolitik als Beitrag zur Friedenssicherung.
In: Bulletin des Presse- und Informationsamtes des Bundesregierung 1970, S. 1040 ff.

Erlischt Deutschland als Ganzes? Der Streit um die völkerrechtliche Anerkennung
der DDR.
In: FAZ 1970, 113 vom 19. 5. 70. S. 17

Die Herausforderung des Verfassungsstaates. Hobbes und englische Juristen. Neuwied u. Berlin:
Luchterhand 1970 (Soziologische Essays)
[Erweiterte Fassung der Antrittsvorlesung unter dem Titel: „Über den Satz:
Auctoritas non veritas facit legem", 1966 an der Universität Münster]

Der Streit um die Ostpolitik. Eine Zwischenbilanz.
In: FAZ 1970, 150 vom 3. 7. 70. S. 9

1971

Das demokratische Prinzip im Grundgesetz.
(Gemeinsam mit Werner von Simson)
In: VVDStRL 29 (1971), S. 46 ff.

Kommunisten als Beamte?

In: ZRP 1971, 12. S. 273 ff.

Der Grenzjäger 1972, 3. S. 11 ff.

Wie links dürfen Lehrer sein? Reinbek: Rowohlt, 1972.

S. 24 ff. (rororo 1555 = rororo aktuell)

Nochmals: Mandatsverlust bei Parteiwechsel. Eine Erwiderung auf H. J. Schröder.
In: ZRP 1971, 5. S. 99 ff.

Der Streit um die Rechtslage Deutschlands und die völkerrechtliche Anerkennung der
DDR. (Vortrag auf d. Wiss. Kongreß der Deutschen Vereinigung für Politische
Wissenschaft am 4. Oktober 1971 in Mannheim)
In: ZRP 1971, 11. S. 261 ff.

PVS 1972, Sonderh. 4. S. 408 ff.

Die Verfassungsmäßigkeit der Ostverträge.
In: Ostverträge, Berlin-Status, Münchener Abkommen, Beziehungen zwischen der
BRD und der DDR. Vorträge u. Diskussionen eines Symposiums vom März
1971. Hamburg: Hansischer Gildenverl. 1971. S. 114 ff.

1972

Die Bedeutung der Verträge für den Erhalt der deutschen Nation.
In: Zur deutschen Frage. Eine Dokumentation des Kuratoriums Unteilbares
Deutschland. Beiträge u. Ergebnisse der Jahresarbeitstagung der Arbeitskreise
Gesellschaft und Politik 24/25. November 1972 in Berlin. S. 15 ff.

Das Erreichbare ist erreicht.
In: FAZ 1972, 296 vom 21. 12. 72. S. 7 [Betr.: Unterzeichnung des Grundvertrages
mit der DDR]

ESJ Staats- und Verfassungsrecht. Ausgewählte Entscheidungen mit erläuternden Anmerkungen
(ESJ Entscheidungssammlungen für junge Juristen).
München: Beck 1972

Können die Berliner sicherer leben? Zehn Thesen zum Rahmenabkommen der vier Mächte.
In: DIE ZEIT 1972, 7 vom 18. 2. 72. S. 52

Ordnungsrecht an den Hochschulen. Zur Diskussion des Hochschulrahmengesetzes.
In: ZRP 1972, 2. S. 25 ff.

„Recht und Ordnung".
In: ZRP 1972, 9. S. 213 ff.
    Radius 3. Stuttgart 1972, S. 28 ff.

Verfassungsrechtliche und rechtspolitische Erwägungen.
In: Gerechtigkeit in der Industriegesellschaft. Rechtspolitischer Kongreß der SPD vom 5. -7. Mai 1972 in Braunschweig. Karlsruhe: C.F. Müller 1972. S. 141 ff.
    [Betr.: Umweltschutz]

„Wer pokert, darf sich nicht in die Karten blicken lassen". Die Bundesregierung ist nicht verpflichtet, der Opposition Einblick in vertrauliche Verhandlungsnotizen zu gewähren.
In: Stuttgarter Zeitung. 1972, Nr. 91.

1973

Das Grundgesetz im Parteienkampf.
In: ZRP 1973, 6. S. 129 ff.

Grundvertrag und Grundgesetz - Auszüge aus dem Plädoyer vor dem Bundesverfassungsgericht am 19. Juni 1973.
In: Recht und Politik, 1973, 4. S. 133 ff.

Legitimitätserschütterungen des Verfassungsstaates.
In: Fortschritte des Verwaltungsrechts. Festschrift für Hans J. Wolff. München: Beck 1973, S. 89 ff.

Pluralistischer Totalitarismus? Eine Auseinandersetzung mit Helmut Schelsky.
In: Merkur, 1973, 301. S. 518 ff.

Pluralistischer Totalitarismus - nochmals befragt. Ein Briefwechsel zwischen Helmut
Schelsky und Martin Kriele.
In: Merkur, 1973, 305. S. 988(994) ff.

Unabhängige Entscheidung.
In: ZRP 1973, 8. S. 193 ff. [Bert.: Grundvertrag mit der DDR]

Zur Geschichte der Grund und Menschenrechte.
In: Öffentliches Recht und Politik. Festschrift für Hans Ulrich
    Scupin zum 70. Geb. Berlin: Duncker & Humbolt, 1973, S. 187 ff.

1974

Lernzielvorschläge für den politischen Unterricht. Vortrag vor dem Kulturausschuß
des Landtages des Landes Nordrhein-Westfalen in der öffentlichen Sitzung vom 27.
Juni 1974.
Machtprobe auf den Transitwegen. Die Rechtslage und die politischen Konsequenzen.
In: DIE ZEIT 1974, 32 vom 2. 8. 94

Wirtschaftsfreiheit und Grundgesetz. Rückblick und Bilanz am Verfassungstag.
In: ZRP 1974, 5. S. 105 ff.

1975

Einführung in die Staatslehre. Die geschichtlichen Legitmitätsgrundlagen des demokratischen
Verfassungsstaates.
Reinbek: Rowohlt, 1975. (Rororo Studium 35 = Rechtswissenschaften)
2. Aufl. Opladen: Westdeutscher Verl. 1981
3., um ein Nachw. erw. Aufl. 1988(WV-Studium ; 35)
4. Aufl. 1990
5. überarb. Aufl. 1994

Übersetzungen: Ins Koreanische 1982

Ins Japanische 1989

Ernst von Hippel zum 80. Geburtstag.

In: AöR Bd 100. 1975, 3. S. 474 f.

Feststellung der Verfassungsfeindlichkeit von Parteien ohne Verbot.

In: ZRP 1975, 9. S. 201 ff.

§ 218 StGB nach dem Urteil des Bundesverfassungsgerichts.

In: ZRP 1975, 4. S. 73 ff.

Rechtliche Verbürgung von Menschenrechten und demokratischer Verfassungsstaat.
Klausur.

In: Wahlfach Examinatorium 7. Staatslehre, Verfassungsgeschichte. Karlsruhe: C.F.
Müller 1975. S. 60 ff.

Urteil des Bundesverfassungsgerichts zum Schwangerschaftsabbruch. Anmerkung.

In: JZ 1975, 7. S. 222 ff.

Vor Karlsruhe strammstehen? Das Bundesverfassungsgericht muß verbindliche
Entscheidungen fällen Können.

In: Die ZEIT 1975, 10 v. 28. 2. 75. S. 4

Wer entscheidet über die Wirksamkeit von Arzneimitteln?

In: ZRP 1975, 11. S. 260 ff.

Erfahrungsheilkunde 1976, 4. S. 129 ff.

Fragen der Freiheit 1976, 120. S. 99 ff.

1976

Aus der Anhörung der juristischen Gutachter zu verfassungsrechtlichen Fragen des

Arzneimittelgesetzes durch den Bundestags-Unterausschuß „Arzneimittelrecht".
In: Fragen der Freiheit 1976, 120. S. 133 ff.

Menschenrechte, Einmischung und Entspannung. Völkerrechtliche Erwägungen zur
Ostberliner Polemik gegen Bonn.
In: DIE ZEIT 1976, 35 vom 20. 8. 76. S. 5

Recht und Politik in der Verfassungsrechtsprechung. Zum Problem des judicial
self-restraint.
In: NJW 1976, 18. S. 777 ff.

Die Stadien der Rechtsgewinnung.
In: Probleme der Verfassungsinterpretation. Dokumentation einer Kontroverse.
Baden-Baden: Nomos Verl.Ges. S. 237 ff.

„Stand der medizinischen Wissenschaft" als Rechtsbegriff.
In: NJW 1976, 9. S. 355 ff.
Fragen der Freiheit 1976, 120. S. 116 ff.

Stellungnahme zum Entwurf des Arzneimittelgesetzes.
In: Fragen der Freiheit 1976, 120. S. 125 ff.

Verfassungswidrigkeit und Verfassungsfeindlichkeit von Parteien und Vereinen (Replik
auf Walter Wiese).
In: ZRP 1976, 3. S. 54 ff.

1977

Hans J. Wolff.
In: NJW 1977, 1/2. S. 28 f.

Legitimitätsprobleme der Bundesrepublik. München: Beck 1997(Beck'sche Schwarze Reihe ;
168)

Die Menschenrechte zwischen Ost und West.

Köln: Verl. Wissenschaft und Politik 1977.

Öffentlich-rechtliche Bundes- und Landesgesetze. Ausgabe NRW. Kronberg/Ts.: Athenäum-Verl. 1977. (Hrsg.)

Politische Aufklärung und technische Realität.

In: Neue Zürcher Zeitung 1977, 129 vom 4./5. 6. 77. S. 67

Richterliche Zurückhaltung(judicial self-restraint). Recht und Politik in der Verfassungsrechtsprechung. Rechtsstaat in der Bewährung.

In: Bitburger Gespräche. Jahrbuch 1974/76. S. 183 ff.

1978

Falscher Vorwurf: ein Klima der Unterdrückung. Das Russell-Tribunal mißt mit linker Elle.

In: DIE ZEIT 1978, 9 vom 24. 2. 78.

Freiheit oder „Befreiung"? Der demokratische Verfassungsstaat als Bedingung der Humanität.

In: FAZ 1978, 79 v. 19. 4. 78 S. 10 f.

Freiheit und „Befreiung".

Vortrag gehalten auf der Gründungstagung der Freien Europäischen Akademie der Wissenschaften vom 25. -27. Nov. 1977 in Herdecke, sowie anläßlich der Tagung des Seminars für freiheitliche Ordnung in der Ev. Akademie Bad Boll vom 6. -8. Januar 1978.

In: Fragen der Freiheit, H. 131, 1978. März/April S. 11 ff.

Die Gewähr der Verfassungstreue. Der Bürger muß auf die Verläßlichkeit der Staatsdiener vertrauen können.

In: FAZ 1978, 236 vom 25. 10 78 S. 10 f.

Der Kampf um die Menschenrechte. Absolutistische Souveränität oder demokratische Selbstbestimmung.

In: Die Kommenden 1978, 4. S. 9 f.

Recht und Ordnung. Eine Kontroverse, die auf Mißverständnissen beruht.

In: Das Parlament 1978, 3. S. 7

Verfassungsfeinde im öffentlichen Dienst - ein unlösbares Problem?

In: Extremismus im demokratischen Rechtsstaat. Düsseldorf: Droste 1978, S. 335 ff.

Wider die alte Schwarmgeisterei. Auf Kommunisten im öffentlichen Dienst kann sich die Demokratie im Ernstfall nicht verlassen.

In: Die ZEIT 1978, 17 v. 21. 4. 78 S. 9 f.

1979

Electoral Laws and Proceedings under a Federal Constitution.

In: Readings on Federalism. Lagos: Nigerian Institut of International Affairs 1979, S. 352 ff.

Die Gewähr der Verfassungstreue.

In: Der Abschied vom Extremistenbeschluß. Bonn: Verl. Neue Gesellschaft 1979, S. 70 ff.

Die Lektion von Weimar. Die Grundentscheidung des Grundgesetzes vor dreißig Jahren und heute.

In: DIE ZEIT 1979, 22 vom 25. 5. 1979

Normenbildung durch Präjudizien.

In: Normen und Geschichte. Hrsg. von Willi Oelmüller. Paderborn: Schöningh 1979, S. 24 ff.

Recht und praktische Vernunft. Göttingen: Vandengoeck u. Ruprecht 1979.

(Kleine Vandenhoeck-Reihe, 1453)

Übersetzung: Ins Koreanische von Seong-Bang Hong 1992

Der rechtliche Spielraum einer Liberalisierung der Einstellungspraxis im öffentlichen Dienst.
In: NJW 1979, 1/2. S. 1 ff.

„Stand der medizinischen Forschung als Rechtsbegriff" oder „Was heißt wissenschaftlich anerkannt in der Medizin"?
In: Pharma-Recht 1979, 1. S. 28 ff.

Wer war mitschuldig? Kollektive Verantwortung gefordert.
(Rezension von: Christoph Lindenberg, Die Technik des Bösen - Zur Vorgeschichte und Geschichte des Nationalsozialismus).
In: DIE ZEIT 1979, 7 vom 9. 2. 79.

1980

Befreiung und politische Aufklärung. Plädoyer für die Würde des Menschen.
Freiburg, Basel, Wien: Herder 1980.
2., erw. Aufl. 1986.
Übersetzungen:
Liberación e Ilustración, Barcelona 1982
Libertaçao e Iluminismo Político. Sao Paulo 1983
Ins Koreanische von Seong-Bang Hong 1988

Die doppelten Früchte der Nächstenliebe. Ein Beitrag zur Unterscheidung der Geister in der Politik.
In: Rheinischer Merkur 1980, 23 vom 6. 6. 80. S. 10 f.
Die Lektion von Weimar. (Aus: Befreiung und politische Aufklärung)
In: Fragen der Freiheit 1980, 146. S. 17 ff.

Menschenrechte für Deutsche in Osteuropa - ihre völkerrechtliche Durchsetzung.
Bonn: Kulturstiftung der deutschen Vertriebenen 1980.
Politische Aufklärung gegen neuen Dogmatismus? Interview mit David A. Seeber.
In: HK 1980, 3. S. 120 ff.

Radikalismus/Extremismus.
In: Kampf um Wörter? Politische Begriffe im Meinungsstreit. 1980, S. 351 ff.

Schweigen zum Unrecht. Über Gerechtigkeit und Befreiung.
In: Evangelische Kommentare 1980, 5. S. 270 ff.

1981

Der Pazifismus gefährdet den Frieden. Über das Mißverständnis von Christenpflicht in einer unfriendlichen Welt.
In: Rheinischer Merkur 1981, 6 v. 6. 2. 81. S. 3

Freiheit und Gleichheit
In: Menschenrechte. T. 1: Historische Aspekte. Berlin: Colloquium Verl. 1981, S. 80 ff.

1982

Kaminski, Andrzej J.: Konzentrationslager 1896 bis heute. Rezension.
In: FAZ 1982, 176 vom 3. 8. 82. S. 19

Eine unrealistische Annahme. Leserbrief.
In: FAZ 1982, 301 vom 29. 12. 82. S. 9

Wie wird Entspannung wieder möglich? Recht als Basis des Friedens.
In: FAZ 1982, 115 vom 19. 5. 1982 S. 7 f.
   Fragen der Freiheit 1982, 158. S. 3 ff.

Zwei Wege zur Wahl - beide sind umstritten. Interview.
In: DIE WELT 1982, 234 vom 8. 10. 82. S. 7

1983

Freiheit und Gleichheit.
In: Handbuch des Verfassungsrechts der Bundesrepublik Deutschland. Hrsg. von

Ernst Benda, Werner Maihofer, Hans-Jochen Vogel. Berlin: de Gruyter 1983, S. 129 ff.

Führt die Regierung unser Volk dem Untergang entgegen?
In: Berliner Morgenpost vom 13. 10. 1983

Die Grossen Arcana des Tarot - Meditationen. Von Anonymus d'Outre-Tombe. Einführung von Hans U. Balthasar. Hrsg. zusammen mit Robert Spaemann. Basel: Herder 1983. (Sammlung Überlieferung u. Weisheit) Ausgabe A. 4 Bände Ausgabe B. 2 Bände
2. erw. Aufl. 1988
3. erw. Aufl. 1993

Kein Privileg für selbsternannte „Retter der Menschheit"! Der Wille der Mehrheit - Ein Staatsrechtler und ein Mann des 20. Juli nehmen Stellung zum Widerstand gegen die Nachrüstung.
In: DIE WELT 1983, 211 vom 10. 9. 83. S. 17.

Ein Recht auf Widerstand? Demokratie und „Gegengewalt".
In: FAZ 1983, 50. 8.

Das „Recht der Macht". Die normative Kraft des Faktischen und der Friede.
In: Kontinent. Ost-West-Forum 1983, 3. S. 6 ff.

Die Rechtfertigungsmodelle des Widerstands.
In: Aus Politik und Zeitgeschichte 1983, 39. S. 12 ff.

Staatsphilosophische Lehren aus dem Nationalsozialismus.
In: Recht. Rechtsphilosophie und Nationalsozialismus 1983.
    Wiesbaden: Steiner 1983, S. 210 ff. (ARSP. Beiheft 18)

Tomberg, Valentin: Die vier Christusopfer und das Erscheinen des Christus im Ätherischen. Als anthroposophisch-esoterische Betrachtung gehaltene Vortragsreihe in Rotterdam. Vorw., 4 Abb. u. bearb. v. Willi Seiss. Nachw. u. hrsg. v. Martin Kriele.

Schönach: Achamoth 1983, 3. Aufl. 1994

Widerstandsrecht in der Demokratie? Über die Legitimität der Staatsgewalt.
In: Frieden im Lande. Hrsg. von Basilius Streithofen. Bergisch-Gladbach: Bastei-Lübbe 1983,
S. 139 ff.

1984

Friedenspolitik am Scheideweg.
In: Merkur 1984, 7. S. 803 ff. [Entgegnung auf Jürgen Habermas]

Gesetzliche Regelung von Tierversuchen und Wissenschaftsfreiheit.
In: Tierschutz. Testfall unserer Menschlichkeit. Hrsg. von Ursula M. Händel.
Frankfurt am Main: Fischer 1984, S. 113 ff. (Fischer TB. 4265)

Gesetzestreue in der richterlichen Rechtsfindung.
In: DRiZ 1984, 6. S. 226 ff.
Hogaku Kenkyu. Journal of Law, Politics and Sociology 1990, 3.
S. 89 ff. [Übers. ins Japanische]

Menschenrechte und Friedenspolitik.
In: Einigkeit und Recht und Freiheit. Festschrift für Karl Carstens zum 70.
Geburtstag. Hrsg. von Bodo Börner, Hermann Jahrreiß, Klaus Stern.
Köln: Heymann 1984, Bd 2. S. 661 ff.
Das „Recht der Macht". Die normative Kraft des Faktischen und der Friede.
In: Wehe den Machtlosen! Eine dringende Klärung. Hrsg. von Gerd-Klaus
Kaltenbrunner. Basel, Wien: Herder 1984, S. 43 ff.

Ein Recht auf Widerstand? Kritische Fragen eines Verfassungsrechtlers.
In: Widerstand, Recht und Frieden. Ethische Kriterien legitimen Gewaltgebrauchs.
Erlangen: Martin Luther Verl. 1984, S. 102 ff
Die Rechtfertigung des Widerstands aus der Bergpredigt.
In: Sternbrief der Cornelius-Vereinigung 1984, 1. S. 20 ff.
(Auszug aus: Die Rechtfertigungsmodelle des Widerstands. 1983)

Vorbehaltlose Grundrechte und die Rechte anderer.

In: JA 1984, 11. S. 629 ff.

Ziviler Ungehorsam als moralisches Problem.

In: Faz 1984 vom 10. 3. 84 (Bilder und Welten)

Hessische Polizeirundschau 1984, 6. S. 9 ff.

Ziviler Ungehorsam in den USA und bei uns in der Bundesrepublik Deutschland.

In: Ziviler Ungehorsam? Vom Widerstandsrecht in der Demokratie.

Hrsg. von Wolfgang Böhme. Karlsruhe: Ev. Akademie Baden 1984, S. 9 ff.

(Herrenalber Texte 54)

1985

Nicaragua - das blutende Herz Amerikas. Ein Bericht.

München, Zürich: Piper 1985 (Serie Piper, 554: aktuell) 2. Aufl. 1986

Übersetzungen:

Nicarágua - o coraçao sangrento da América. Mainz 1986

Nicaragua. America's Bleeding Heart. Mainz 1986

Nicaragua. Corazón Herido de America. Mainz 1986

Nicaragua. L'Amérique blessée au coeur. Mainz 1986

Nikaragua - krwawiace serce Ameriky. Warschau 1988

Recht und Macht.

In: Einführung in das Recht. Bd 1. Aufgaben, Methoden, Wirkungen.

Hrsg. von Dieter Grimm. Heidelberg: C.F. Müller 1985, S. 128 ff. (Uni-Taschenbücher, 1362)

Funk-Kolleg Recht. Hrsg. von Manfred Löwisch, Dieter Grimm u. Gerhard Otte. Frankfrut am Main: Fischer Taschenbuch Verl. 1985, Bd 1. S. 81 ff. (Fischer TB, 6865)

Rechtsgefühl und Legitimität der Rechtsordnung.

In: Das sogenannte Rechtsgefühl. Opladen: Westdeutscher Verlag 1985, S. 23 ff. (Jahrbuch für Rechtssoziologie u. Rechtstheorie. Bd 10)

Tomberg, Valentin: Lazarus, komm heraus. Vier Schriften. Einleitung u. hrsg. von Martin Kriele. Nachwort von Robert Spaemann. Basel: Herder 1985, (Sammlung Überlieferung u. Weisheit)

Das Werk Ernst von Hippels. Versuch eines geistigen Portraits.
In: Ernst von Hippel zum Gedächtnis (1895-1984). Reden anläßlich der Akademischen Trauerfeier für Herrn Professor Dr.Ernst von Hippel am 7. Februar 1985 von Günter Kohlmann, Martin Kriele S. 9 ff.

Die Wucht des Emanzipations-Denkens. Zum Abtreibungsurteil des Bundesverfassungsgerichts von 1975.
In: Auf Leben und Tod. Abtreibung in der Diskussion. Hrsg. von Paul Hoffacker, Benedikt Steinschulte, Paul-Johannes Fietz. Bergisch-Gladbach: Bastei-Lübbe 1985. S. 115 ff.

1986

Der Bürgerrechtspakt und der Sozialrechtspakt in Bundesrepublik und DDR und die Menschenrechte in der kommunistischen Interpretation.
In: Politische Bildung - Recht und Erziehung. Hrsg. von Heiner Adamski. Weinheim, München: Juventa Verlag 1986. Bd 2.
S. 469 ff. (Veröffentlichungen der Max-Traeger-Stiftung. 2)

Entwicklungshilfe für Nicaragua?
In: Die Welt, 20. 6. 1986

ESJ. Grundrechte. Ausgew. Entscheidungen mit erl. Anmerkungen. - München: Beck 1986.
(ESJ.Entscheidungssammlung für junge Juristen)

Menschenrechte und Gewaltenteilung.
In: EuGRZ 1986, 21. S. 601 ff.
Menschen- und Bürgerrechte. Vorträge aus der Tagung der Deutschen Sektion der IVR in der Bundesrepublik Deutschland. v. 9.-12.Okt. 1986 in Köln. Hrsg. von

Ulrich Klug u. Martin Kriele. Stuttgart: Steiner Wiesbaden 1988, S. 20 ff.
(ARSP-Beiheft 33)

Menschenrechte und Friedenspolitik.

In: Gießener Universitätsblätter 1986, 2. S. 9 ff.

Die Präzedenzwirkung der Barmer Theologischen Erklärung.

In: Barmer Theologische Erklärung und heutiges Staatsverständnis. Symposion aus
Anlaß des 50. Jahrestages der Barmer Theologischen Erklärung.
Dokumentation e. Veranstaltung d. Kultusministers des Landes Nordrhein-
Westfalen in Wuppertal am 30. Mai 1984. Köln: Greven 1986, S. 17 ff.

Überwindung von Unrecht durch Befreiung Vom Recht?

In: Recht und Gerechtigkeit. Hrsg.: Konrad-Adenauer-Stiftung. Melle: Knoth
1986, S. 31 f. (Im Gespräch 1986,2)

1987

Die demokratische Weltrevolution. Warum sich die Freiheit durchsetzen wird. - München,
Zürich: Piper 1987. (Serie Piper. 496)

Übersetzungen:

Den demokratiska världsrevolutionen. Göteborg 1988

Ins Koreanische von Seong-Bang Hong 1990

Die demokratische Weltrevolution: Warum sich die Freiheit durchsetzen wird.

In: Ist unsere Demokratie noch handlungsfähig? Vorträge und Diskussionsbeiträge auf
dem Kongreß des Studienzentrums Weikersheim am 13./14 Juni 1987. Mainz: v.
Hase u. Koehler 1987, S. 143 ff.

Edith Stein's "Untersuchung über den Staat".

In: Reden anläßlich der Vortragsveranstaltung: Edith Stein - Lebensweg und
wissenschaftliches Werk am 15. 5. 1987, S.40 ff.(Kölner Universitätsreden. 67)

Der „ewige" und der provisorische Friede:

In: Friedenssicherung.   Sozialwissenschaftliche,   historische   und   theologische
Perspektiven. Münster: Regensberg 1987, S. 37 ff.(Osnabrücker Friedensgespräche.
Bd 1)

Gesetzestreue und Gerechtigkeit in der richterlichen Rechtsfindung
In: Oikeiosis. Festschrift für Robert Spaemann. Weinheim: VCH Verlagsgesellschaft
1987, S. 113 ff.
Festschrift der Rechtswissenschaftlichen Fakultät zur 600-Jahr-Feier der Universität
zu Köln. Köln:Heymann 1988, S. 707 ff.

Gibt es eine Rangordnung der Menschenrechte? Ihre Entwicklung ist noch nicht
abgeschlossen.
In: FAZ 1987, 136 vom 15. 6. 87. S. 13

Menschenrechte und Friedenspolitik. Referat Bossey, 30. 9. 1986.
In: epd. Dokumentation 2/87 (Kann Völkerrecht den Weltfrieden fördern?
Drei Referate einer Tagung)

Menschenrechte und Gewaltenteilung.
In: Menschenrechte und Menschenwürde. Historische Voraussetzungen, säkulare
Gestalt, christliches Verständnis. Hrsg. von Ernst-Wolfgang Böckenförde u.
Robert Spaemann. Stuttgart: Klett-Cotta 1987, S. 242 ff.

Grundlagen der politischen Kultur der Westens. Ringvorlesung an der FU Berlin.
Berlin: des Gruyter 1987, S. 29 ff.

Menschenrechte in Ost und West. Hrsg. von Rudolf Uertz. Mainz: v. Hase u.
Koehler 1989, S. 185 ff.(Studien zur politischen Bildung.16)

Der neue Fall Küng.
In: Rheinischer Merkur 1987, 24 v. 12. 6. u. 26 v. 26. 6. 1987

Schweigen und ertragen? Die Ehre des Bürgers gilt in unserer Rechsordnung fast nichts.

In: Die Neue Ordnung 1987, 6. S. 451 ff.

1988

Arzneimittelgesetz und geistige Freiheit.

In: Arzneimittel. Was ist Heilung? Stuttgart: Urachhaus-Verl. 1988, S. 35 ff.

(Lebenshilfen. 3)

Der Comment des katholischen Milieus.

In: Rheinischer Merkur 1988, 53 vom 30. 12. 88. S.16

Freiheit und „Befreiung". Zur Rangordnung der Menschenrechte. Frankfurt am Main: Metzner

1988. (Würzburger Vorträge zur Rechtsphilosophie, Rechtstheorie und Rechtssoziologie.8)

Die Gesundheitsreform bedroht die Therapiefreiheit.

In: Die Kommenden 1988, 7. S. 5 ff.

Hans J. Wolff.

In: Juristen im Portrait. Festschrift zum 225jährigen Jubiläum des Verlages C.H.

Beck. München: Beck 1988, S. 694 ff.

Die linksfaschistische Häresie. Zum Totalitarismus in Nicaragua.

In: Totalitarismus contra Freiheit. Begriff u. Realität. Hrsg. von Konrad Löw.

München: Bayerische Landeszentrale für politische Bildungsarbeit 1988, S. 142 ff.

Das Präjudiz im kontinentaleuropäischen und anglo-amerikanischen Rechtskreis.

In: La sentenza in Europa. Univ. degli studi di Ferrara, Fc. di Giurisprudenza.

Padova: Cedam 1988, S. 62 ff.

Der Primat der Wissenschaft vor der medizinischen Heilkunst.

In: Nürnberger Begegnung 1988. Wissenschaftpluralismus in des Medizin.

Edition informed. S. 64 ff.

Ärztezeitschrift für Naturheilverfahren 1988, 10. S, 819 ff.

Erfahrungsheilkunde 1988, S. 603 ff.

Fragen der Freiheit 1988, 193/194. S. 78 ff.

Recht, Gerechtigkeit und Menschenrechte aus der Sicht der Staatsphilosophie.
In: Grundlagen. Zeitschrift der Stiftung Forum für Bildung und Politik e. V.
Nr. 24 (1988). S. 3ff.

Universalitätsansprüche darf man nicht aufgeben.
In: Deutschland-Archiv, 1988, 1. S. 51 f. [Zum SED-SPD-Papier]

Wertewandel und politische Kultur.
In: Freiheit der Wissenschaft, 1988, S. 8 ff.
Gymnasiale Bildung. 38. Gemener Kongreß, 29. 9.-1. 10. 1988. Krefeld:
Pädagogik u. Hochschulverlag 1988, S. 34 ff.

Wie geht es weiter in Nicaragua?
In: Westfälische Nachrichten 1988 vom 16. 1.

1989

„Befreiung in Verantwortung" - Rangordnungen der Menschenrechte?
In: Verantwortung für die Zukunft. Hrsg. von Hermann Flothkötter, Bernhard
Nacke. Münster: Regensberg 1989, S. 193 ff.

Dimitris Th. Tsatsos: Von der Würde des Staates zur Glaubwürdigkeit der Politik.
Berlin: Duncker & Humblot, 1987. (Schriften zur Rechtstheorie. 123) Rezension.
In: AöR 1989, 2. S. 336 f.

Der Fächer der Königin.
In: Die Welt als Medieninszenierung. Wirklichkeit, Information, Simulation. Colloqium
Köln, Lindenthal-Institut, 27.-29. 5. 1988. Herford: Busse-Seewald 1989, S. 11 ff.

Freiheit und „Befreiung". Gibt es eine Rangordnung der Menschenrechte?
In: Lateinamerika und Europa im Dialog. Vorträge und Berichte des Lateinamerika-

Kongresses 1987 der Westfälischen Wilhelms-Universität
Münster. Berlin: Duncker u. Humblot 1989, S. 53 ff.

Nach einer abenteuerlichen Manipulation der Öffentlichkeit. Hintergründe des Kölner
Investiturstreits.
In: FAZ 1989, 18 vom 21. 1. S, 8

Tomberg, Valentin: Anthroposophische Betrachtungen über das Alte Testament.
Nachw. u. hrsg. v. Martin Kriele. 9 Zeichn. u. bearb. v. Willi Seiss. Schönach:
Achamoth 1989

Der Widerstand des Paulus.
In: Regensburger Bistumsblatt 1989, 10 v. 5. 3. 89. S. 10

Was fasziniert westliche Intellektuelle an den Diktatoren von damals und heute?
In: MedienDialog 1989, 9. S. 12 ff.

1990

Aktuelle Probleme des Vehältnisses von Kirche und Staat.
In: Internationale katholische Zeitschrift 1990, 6. S. 451 ff.

Ein historischer Tag.
In: DIE WELT 1990, 143 vom 22. 6. 90. S. 2

„Jetzt muß man auseinanderhalten, was nicht zusammengehört - Brandts Ostpolitik
und die osteuropäische Revolution".
In: FAZ 1990, 11 v. 13. 1. 90. S. 6

Kandidat der Intellektuellen. Lafontaines Volkstäuschung und sein wirtschaftlicher
Unverstand.
In: Die politische Meinung 1990, 250. S. 24 ff.

Nicht verfassungswidrig.

In: DIE WELT 1990, 197 vom 24. 8. 90. [Golfeinsatz der Bundeswehr]

Plädoyer für eine Journalistenkammer.
In: ZRP, 1990, 3. S. 109 ff. MedienDialog 1990, 6/7. S. 15 ff.

Plädoyer für zwei Wahlgesetze. Das Verfahren wäre nicht verfassungswidrig.
In: FAZ 1990, 165 v. 17. 7. 90. S. 8

Die politische Bedeutung des Staatsvertrages.
In: DtZ 1990, 5. S. 189 f.

Replik auf: Stephan Ory, Keine Journalistenkammer [ZRP 1990, 8. S.289-291].
In: ZRP 1990, 8. S. 291 f.

Recht, Vernunft, Wirklichkeit.
Berlin: Duncker & Humblot 1990.

Das Scheitern des Sozialismus.
Köln: Bachem 1990. (Kirche und Gesellschaft. 173)

Eine Sprengladung unter dem Fundament des Grundgesetzes.
In: DIE WELT 1990, 190 vom 16. 8. 90. S.5 [Mit einfacher Mehrheit das
   Grundgesetz in Deutschland ablösen?]

Verdrängte Gegensätze. Wie die Mißstände im Sozialismus heruntergespielt wurden,
In: Die politische Meinung 1990, 249. S.37 ff.

Wann ist ein Land frei? Perestrojka - aber wie? (1).
In: Gehört, gelesen. Die besten Sendungen des Bayerischen Rundfunks 1990,
   5. S. 16 ff,
Wahlen in Nicaragua.
In: Votum 1990, 1. S. 5

Wertewandel und politische Kultur.

In: Wertewandel und Lebenssinn/Königssteiner Forum. Frankfurt am Main:

Frankfurter Allgemeine Zeitung. Verlagsbereich Wirtschaftsbücher 1990, S. 85 ff.

Wie der Hauptmann Christ wurde. (Meine schönste Bibelstelle)

In: DIE WELT am Sonntag, 1990, 19 vom 13. 5. 90. S. 55

Zwei Drittel? Nicht nötig.

In: DIE WELT 1990, 75 vom 29. 3. 90. S. 2

1991

Aktuelle Fragen der Verfassungsreform.

In: Kölner Universität. Journal 1991, 3. S 1 ff.

Artikel 146 GG: Brücke zu einer neuen Verfassung.

In: Die Verfassungsdiskussion im Jahr der deutschen Einheit. Hrsg. von Bernd

Guggenberger u. Tine Stein. München, Wien: Hanser 1991, S. 336 ff.

ZRP 1991, 1. S. 1 ff.

Bezaubert und verblendet. Die geistigen Nachwirkungen des Sozialismus.

In: Die politische Meinung 1991, 253. S. 1 ff

Bischöfe immer im Unrecht. Leserbrief.

In: DIE WELT 1991 vom 23. 11. 91. S. 29

Der Bündnisfall.

In: DIE WELT 1991, 29 vom 4. 2. 91. S. 2

Die demokratische Weltrevolution. Warum sich die Freiheit durchsetzt.

In: Rechts-und Sozialphilosophie in Deutschland heute. Hrsg. von Robert

Alexy, Ralf Dreier u. Ulfrid Neumann. Stuttgart: Steiner 1991, S. 201 ff.

(ARSP-Beiheft. 44)

Edith Steins „Untersuchung über den Staat".

In: Denken im Dialog. Zur Philosophie Edith Steins. Tübingen: Attempto Verlag 1991, S. 83 ff.

Der Fall Drewermann.
In: DIE WELT 1991, 251 vom 28. 10. 91. S. 2

Jetzt den Schaden begrenzen.
In: Rheinischer Merkur 1991, 40 vom 4. 10. 91. S. 29[Fall Drewermann]

Keine Wege zur Verständigung. Rezension von: Dokumentation zur jüngsten Entwicklung um Dr. Eugen Drewermann. Paderborn: Bonifatius-Verlag 1991.
In: Rheinischer Merkur 1991, 49 vom 6. 12. 91. S. 22

Leserbrief.
In: DIE WELT 1991, 162 vom 15. 7. 91. S. 6 [Zum Interview mit Eugen Drewermann am 8. 7. 1991]

Neue Verfassung - eine andere Republik?
In: Rheinischer Merkur 1991, 23 v. 7. 6. 91. S. 5

Ohne Gesetz geht es nicht.
In: DIE WELT 1991, 139 vom 18. 6. 91. S. 2

Ohne Macht endet Recht in Ohnmacht.
In: Rheinischer Merkur 1991, 13 vom 29. 3. 91. S. 4

Recht und Macht.
In: Einführung in das Recht 1.: Aufgaben, Methoden, Wirkungen. 2., überarb. Aufl. Heidelberg: C.F. Müller 1991, S. 159 ff.

Tomberg, Valentin: Anthroposophische Betrachtungen über das Neue Testament. Geisteswissenschaftliche Betrachtungen über die Apokalypse des Johannes. Nachw. u. hrsg. v. Martin Kriele. 10 Zeichn. u. bearb. v. Willi Seiss. Schönach: Achamoth

1991.

1992

Aktuelle Fragen der Verfassungsreform.
In: Politisches Denken. Jahrbuch 1991. Stuttgart: Metzler 1992, S. 68 ff.

Des Arztes Menschenwürde.
In: Die WELT v. 9. 9. 92. S. 2 [Betr.: Fristenregelung]

Braucht das vereinte Deutschland eine neue Verfassung? Von den Sehnsüchten nach einer linken Republik.
In: Zeitschrift zur politischen Bildung. Eichholz-Brief. 1992, 4. S. 71 ff.

Das Für und Wider einer gesamtdeutschen Verfassung. Ein Gespräch mit Claus Offe.
In: Deutschland eine Zwischenbilanz. 1992, S. 58 ff.(Zeitkritische Beiträge der Evangelischen Akademie Nordelbien.4)

Gründe, der Kirche zu vertrauen.
In: Rheinischer Merkur 1992, 9 vom 28. 2. 92. S. 24

Grundrechte und demokratischer Gestaltungsspielraum.
In: Handbuch des Staatsrechts der Bundesrepublik Deutschland. Hrsg. von Josef Isensee u. Paul Kirchhof. Bd 5. Allgemeine Grundrechtslehren. Heidelberg: C.F. Müller 1992, S. 101 ff.

Leserbrief.
In: DIE ZEIT 1992, 27 vom 26. 6. 92. S. 72[Erwiderung auf Martin Merz: Mief im frommen Ghetto. 23 vom 29. 5. 92]

Das Naturrecht der Neuzeit.
In: Politik und Kultur nach der Aufklärung. Festschrift für Hermann Lübbe zum 65. Geburtstag. Basel: Schwabe 1992, S. 9 ff.

Die neuen Abtreibungsregelungen vor dem Grundgesetz.
In: DVBl 1992, 22. S. 1457 ff.

Die nicht-therapeutische Abtreibung vor dem Grundgesetz.
Berlin: Duncker & Humblot 1992 (Schriften zum öffentlichen Recht. 625)

Plebiszite in das Grundgesetz? Der Verfassungsstaat bekäme Legitimitätsprobleme.
In: FAZ 1992, 262 v. 10. 11. 92. S. 12 f.

Recht als gespeicherte Erfahrungsweisheit. Eine „konservative" Theorie des Staates.
In: Staat und Demokratie in Europa. Hrsg. von Beate Kohler-Koch. Opladen: Leske
    u. Budrich 1992, S. 83 ff. (Wissenschaftlicher Kongreß der Deutschen
    Vereinigung für Politische Wissenschaft. 18)

Der Sinn des Staates im Zeitalter der freien Individualität.
In: Der Staat. Aufgabe und Grenzen. Beiträge zur Überwindung struktureller
    Vormundschaft im Rechtsleben. Stuttgart. Verl. Freies Geistesleben 1992, S. 212
    ff. (Sozialwissenschaftliches Forum. 4) Novalis 1992, 4. S. 10 ff.

Ein Sound, der vieles verrät.
In: Rheinischer Merkur 1992, 4 vom 24. 1 92. S. 22[Erwiderung auf Norbert
    Greinacher und Eugen Drewermann]

Streik ohne Waffengleichheit. Leserbrief.
In: FAZ 1992, 7. 5. 92 [Betr.: Öffentlicher Dienst]

Tomberg, Valentin: Die Grundsteinmeditation Rudolf Steiners.
Hrsg. v. Martin Kriele. Zeichn. u. bearb. v. Willi Seiss. Schönach: Achamoth 1992

„Wahrheit" in Funk und Fernsehen.
Köln: Wirtschaftsverl. Bachem 1992. (Walter Raymond-Stiftung. Kleine Reihe. 52)
In: Offen gedacht. Perspektiven der Zeit. Klaus Murmann zum 60. Geburtstag.
    Köln: Bachem 1992, S. 101 ff.

1993

An die Zukunft verraten. Kollaborateure in der Kirche.
In: Rheinischer Merkur 1993, 29 vom 16. 7. 93. S. 24

Der Comment des Milieus. 10 Thesen zum Verhältnis der rheinischen Katholiken zu Papst und Kirche.
In: Marsch auf Rom. Ein Kampf um Kirche. Hrsg.: Michael Müller. Aachen: M. Müller 1993, S. 97 ff.

Ethik, Recht, Gewissen.
In: Internationale katholische Zeitschrift 1993, 2. S. 291 ff.

Kein Ausweg für Bonn. [Betr.: Bundeswehr-Einsatz in Bosnien]
In: Rheinischer Merkur 1993, 8 vom 19.2.93. S. 4

Das Naturrecht der Neuzeit.
In: Naturrecht und Politik. Hrsg. von Karl Graf Ballestrem. Berlin: Duncker & Humblot 1993, S. 9 ff. (Philosophische Schriften. 8) [Beiträge einer Tagung vom 11.-14. April 1991 in Eichstätt]
Tomberg, Valentin: Sieben Vorträge über die innere Entwicklung des Menschen. 8 Zeichn. u. bearb. v. Willi Seiss. Hrsg. v. Martin Kriele. Schönach: Achamoth 1993

Über jeden Grundgesetzartikel einzeln abstimmen. Aktuelle Probleme der Verfassungsreform.
In: FAZ 1993, 296 vom 21. 12. 93. S. 7

Das Verhältnis von Theologie und Lehramt. Zum Entzug der missio canonica und zur Notwendigkeit der Reform theologischer Fakultäten
In: Marsch auf Rom. Ein Kampf um Kirche. Hrsg.: Michael Müller. Aachen: M. Müller 1993, S. 97 ff.

Zur Universalität der Menschenrechte.

In: Rechtssystem und praktische Vernunft. Hrsg. von Robert Alexy u. Ralf Dreier. Stuttgart: Steiner 1993, S. 47 ff. (ARSP-Beiheft 51)(Verhandlungen des 15. Weltkongresses der Internationalen Vereinigung für Rechts- und Sozialphilosophie. Bd1)

Zuwendung zur Kirche.
In: Von der Lust, katholisch zu sein. 15 persönliche Bekenntnisse. Hrsg.: Michael Müller. Aachen: M. Müller 1993, S. 114 ff.

1994

Bürger ohne Ehrenschutz.
In: Die politische Meinung 1994, 297. S. 49 ff.

Ein Eingriff mit Präzedenzwirkung.
In: FAZ 1994, 215 vom 15. 9. 1994, S. 14 [Mannheimer Deckert-Urteil]

Ehrenschutz und Meinungsfreiheit.
In: NJW 1994, 30. S. 1897 ff. (Vortrag vor der Guardini-Stiftung am 16. 4. 1994 in Berlin).

MedienDialog 1994, 6+7, S. 1 ff. (leicht gekürzte Fassung).
Das Menschenbild des Grundgesetzes. Berlin 1996, S. 132 ff. (Schriftenreihe der Guardini-Stiftung. Bd. 6)
Justizirrtümer sind niemals auszuschließen. Interview
In: Kölnische Rundschau, 236 vom 11. 10. 94

Die neue Weltanschauungskontrolle.
In: Das Fundamentale Wort und das Schlagwort Fundamentalismus 1994, S. 25 ff. (Beiheft 58 des Monatsblatts der Ev. Notgemeinschaft in Deutschland „Erneuerung und Abwehr")

Nochmals: Auslandseinsätze der Bundeswehr.
In: ZRP, 1994, 3. S. 103 ff.

Die Ordnung der Verantwortung - Rechtsethische Fragen der Immigration.

In: Die Neue Ordnung 1994, 2. S. 100 ff.

Sein Schicksal liegt in Häden der Stadt. Interview
In: Kölner Stadt-Anzeiger vom 4. 5. 1994

Zur Rangordnung der Staatspflichten - Rechtsethische Fragen der Immigration.
In: Problemfall Völkerwanderung. Migration, Asyl, Integration. Hrsg. von Wolfgang
Ockenfels. 1994, S. 121 ff.(HUMANUM. Veröffentlichung der Internationalen
Stiftung Humanum)

1995

Recht als gespeicherte Erfahrungsweisheit. Zu einem Argument Ciceros.
In: Liechtensteinische Juristen-Zeitung 1995, 1. S. 1 ff.

Staat, Wirtschaft, Steuern. Festschrift für Karl Heinrich Friauf zum 65. Geburtstag
Heidelberg: Müller 1996, S. 185 ff.

1996

Anthroposophie und Kirche. Erfahrungen eines Grenzgängers. Basel, Freiburg, Wien:
Herder 1996

1997

Dialektische Prozesse in der Verfassungsgeschichte. Abschiedsvorlesung vom 13. 2.
1996
In: Verfassungsstaatlichkeit. Festschrift für Klaus Stern zum 65. Geburtstag.
München: Beck 1997, S. 15 ff.

Die demokratische Weltrevolution und andere Beiträge.
Berlin: Duncker & Humblot 1997.
(Beiträge zur Politischen Wissenschaft. Bd. 96)
이밖에도 그 후의 저술로는 Grundprobleme der Rechtsphilosphie, LIT Verlag AG,
Münster-Hamburg-London, 2003이 있다.

Abkürzungsverzeichnis

AöR	=	Archiv des öffentlichen Rechts
ARSP	=	Archiv für Rechts- und Sozialphilosophie
DÖV	=	Die Öffentliche Verwaltung
DRiZ	=	Deutsche Richterzeitung
DtZ	=	Deutsch-deutsche Rechtszeitschrift
DVBI	=	Deutsches Verwaltungsblatt
EuGRZ	=	Europäische Grundrechte-Zeitschrift
FAZ	=	Frankfurter Allgemeine Zeitung
HK	=	Herder-Korrespondenz
JA	=	Juristische Arbeitsblätter
JuS	=	Juristische Schulung
JZ	=	Juristenzeitung
NJW	=	Neue Juristische Wochenschrift
PVS	=	Politische Vierteljahresschrift
VVDStRL	=	Veröffentlichungen der Vereinigung der Deutschen Staatsrechtslehrer
ZRP	=	Zeitschrift für Rechtspolitik

옮긴이 소개 _ 홍성방

1952년 제주 출생
고려대학교 법과대학 및 동 대학원 석사박사과정 수료
독일 Köln대학교에서 법학박사학위(Dr. iur.) 취득
한림대학교 교수(1988-1997)
독일 쾰른 대학교 법과대학 '국가철학 및 법정책연구소' 객원교수(1994-1995)
제7회 한국헌법학회 학술상 수상(2005)
사법시험 및 각종국가시험위원, 한국공법학회 부회장, 한국헌법학회 부회장, 한독법
률학회 부회장, 안암법학회 부회장, 한국가톨릭사회과학연구회 회장, 환국환경법학회
부회장 역임
현재 서강대학교 법학전문대학원 교수

저서 · 역서 · 논문

1. Soziale Rechte auf der Verfassungsebene und auf der gesetzlichen Ebene, Diss. Köln(1986)

2. 해방과 정치계몽주의, 도서출판 새남, 1988(M. Kriele, Befreiung und politische Aufklärung, 1980)

3. 민주주의 세계혁명, 도서출판 새남, 1990(M. Kriele, Die demokratische Weltrevolution, 1987)

4. 법과 실천이성, 한림대학교출판부, 1992(M. Kriele, Recht und praktische Vernunft, 1979)

5. 법발견론, 한림대학교출판부, 1994(M. Kriele, Theorie der Rechtsgewinnung, 2. Aufl. 1976)

6. 마르크스주의와 수정사회주의, 도서출판 새남, 1996(B. Gustaffson, Marxismus und Revisionismus, 1972)

7. 국가론, 민음사, 1997(H. Heller, Staatslehre, 6. Aufl. 1983)

8. 헌법 I , 현암사, 1999

9. 헌법정해, 신영사, 1999

10. 헌법요론, 신영사, 1999(2005 : 제4판)

11. 환경보호의 법적문제, 서강대학교 출판부, 1999

12. 헌법 II , 현암사, 2000

13. 객관식헌법, 신영사, 2000(2005 : 제4판)

14. 헌법재판소결정례요지(편), 법문사, 2002

15. 헌법학, 현암사, 2002(2009: 개정 6판)

16. 헌법과 미래(공저), 인간사랑, 2007

17. 법학입문, 신론사, 2007

18. 헌법국가의 도전, 두성사, 2007(M. Kriele, Die Herausforderungen des Verfassungsstaates, 1970)

19. 7급객관식헌법, 두성사, 2008

20. 헌법학(상), 박영사, 2010

21. 헌법학(중), 박영사, 2010

22. 헌법학(하), 박영사, 2010(2011: 제2판)

23. 프롤레타리아 계급독재, 신론사, 2011(Karl Kautsky, Die Diktatur des Proletariats, 1918)

24. 국가의 법적 기본질서로서의 헌법, 유로, 2011(Werner Kägi, Die Verfassung als rechtliche Grundordnung des Staates, 2. Aufl. 1971)

25. 국가형태, 유로, 2011(Max Imboden, Die Staatsformen, 1959)

26. 소외론, 유로, 2011(Friedrich Müller, Entfremdung, 2. Aufl. 1985)

27. 법발견의 이론, 유로, 2013(M. Kriele, Theorie der Rechtsgewinning, 2. Aufl. 1976)

28. 법과실천 이성, 유로, 2013(M. Kriele, Recht und praktische Vernunft, 1979)

29. '사회국가 해석모델에 관한 비판적 검토', '자연의 권리주체성', '독일의 헌법과 행정법에 있어서의 환경보호' 등 논문 다수